WILHELM VON STERNBURG

Anna Seghers

atb aufbau taschenbuch

Wilhelm von Sternburg, geb. 1939, war mehr als dreißig Jahre Journalist für verschiedene Zeitungen sowie für Rundfunk und Fernsehen, u. a. Chefredakteur beim Fernsehen des Hessischen Rundfunks. Seit 1994 lebt er als freier Autor in Wiesbaden und Irland.

Buchveröffentlichungen: Fall und Aufstieg der deutschen Nation (1993), Deutsche Republiken. Scheitern und Triumph der Demokratie (1999), Lion Feuchtwanger. Ein deutsches Schriftstellerleben (2000), »Als wäre alles das letzte Mal«. Erich Maria Remarque. Eine Biographie (2000), »Um Deutschland geht es uns«. Arnold Zweig. Die Biographie (2004), Als Metternich die Zeit anhalten wollte. Unser langer Weg in die Moderne (2003), Kurze Geschichte des Nationalsozialismus (2003), Die Geschichte der Deutschen (2005), Joseph Roth. Eine Biographie (2009).

Nach Filmen über Lion Feuchtwanger, Arnold Zweig, Erich Maria Remarque und andere drehte er für die ARD zum 100. Geburtstag von Anna Seghers die Dokumentation »Ich bin in die Eiszeit geboren«.


Die Schriftstellerin Anna Seghers, 1928 mit dem Kleist-Preis geehrt, wurde als Jüdin, Kommunistin und entschiedene Gegnerin des Nationalsozialismus verfolgt und diffamiert. In der Emigration lebte sie mit ihrer Familie zunächst in Frankreich, dann in Mexiko, wo sie 1946 die Staatsbürgerschaft erhielt. Im April 1947 kehrte Anna Seghers zurück. Sie entschied sich für die sowjetische Besatzungszone, später geriet sie in der DDR zwischen die Fronten des Kalten Krieges. In ihrem weltberühmten Roman »Das siebte Kreuz«, 1942 auf Englisch und Deutsch erschienen, sowie vielen ihrer Geschichten bilden Mainz und das »Sausen des Windes vom Rhein her« den realen und mythischen Hintergrund.

Wilhelm von Sternburg eröffnet einen neuen Zugang zum Leben und Werk der großen Erzählerin.

WILHELM VON STERNBURG

# Anna Seghers

## EIN PORTRÄT

atb aufbau taschenbuch

Mit 23 Abbildungen

FSC
www.fsc.org
MIX
Papier aus ver-
antwortungsvollen
Quellen
FSC® C083411

ISBN 978-3-7466-7102-4

Aufbau Taschenbuch ist eine Marke der
Aufbau Verlag GmbH & Co. KG

1. Auflage 2012
© Aufbau Verlag GmbH & Co. KG, Berlin 2012
© Leinpfad Verlag
Umschlaggestaltung capa, Anke Fesel
unter Verwendung eines Motivs von ullstein bild-Andree
Druck und Binden CPI – Clausen & Bosse, Leck
Printed in Germany

www.aufbau-verlag.de

»Und habt ihr denn etwa keine Träume,
wilde und zarte, im Schlaf zwischen zwei
harten Tagen? und wißt ihr vielleicht,
warum zuweilen ein altes Märchen, ein
kleines Lied, ja nur der Takt eines Liedes,
gar mühelos in die Herzen eindringt, an
denen wir unsere Fäuste blutig klopfen?«

Anna Seghers: *Die schönsten Sagen vom
Räuber Woynok*


Für Dodo, die Kluge

# INHALT

*ausgewählt und zusammengestellt von Hans Berkessel

# MEINE MUTTER ANNA SEGHERS
## UND MAINZ

Grußwort des Sohnes, Pierre Radvanyi
*Orsay, Frankreich*

Meine Mutter wurde am 19. November 1900 in Mainz geboren. Ihr ganzes Leben lang, das sie in viele Länder der Erde führte, standen der Fluss und das Rheinland mit seiner sanften Landschaft im Hintergrund und prägten sie. Als Kind und Mädchen schon kam sie den Rhein entlang nach Holland an die Nordsee; noch vor dem Ersten Weltkrieg nahmen ihre Eltern sie auch mit nach Paris.

Nach ihrem Studium der Geschichte, Kunstgeschichte, Philosophie und Sinologie in Heidelberg und ihrer Heirat in Mainz zog sie in die Großstadt Berlin, in die in den Zwanzigerjahren Menschen aus aller Welt kamen und in der das geistige Leben pulsierte. Sie fand es unumgänglich, sich für etwas Wesentliches einzusetzen, für Solidarität, für Gerechtigkeit – und so wurde sie eine entschlossene Gegnerin des Nationalsozialismus.

1933 floh sie als sozialistische Schriftstellerin vor den Nazis nach Frankreich, wo sie ihr literarisches Werk fortsetzte; 1941 trieb sie der Krieg weiter nach Mexiko. Hier kam sie mit einer völlig anderen Kultur in Verbindung. Hier erfuhr sie auch von der Deportation ihrer Mutter im März 1942, die zusammen mit tausend anderen deutschen Bürgern jüdischer Herkunft aus dem

Rheinland abtransportiert und dann in das polnische Ghetto Piaski bei Lublin gebracht wurde, und dann auch von der Zerstörung ihrer Vaterstadt Mainz. 1947 kehrte sie nach Deutschland zurück, zunächst nach Westberlin, dann nach Ostberlin. Der Kalte Krieg spaltete die Welt, und es wurde wieder eine schwierige Zeit für meine Mutter, die so viele Hoffnungen und Pläne an die Rückkehr geknüpft hatte. Sie wollte an einem »neuen Deutschland« mitbauen und sich – neben ihrer literarischen Arbeit – für die Erhaltung des Weltfriedens engagieren.

In all den Jahren blieb sie jemand, der »immer strebend sich bemühte«.

Nie vergaß sie Mainz und das Rheinland. Als sie schon sehr alt und krank war, erzählte ich ihr einmal die Geschichte des Lachses, der viele Jahre im Ozean herumschwimmt und schließlich zum Laichen und Sterben in sein Geburtsflüsschen zurückkommt. Da sagte meine Mutter: »Ich würde so gerne ein Lachs sein.«

Zu ihrem 100. Geburtstag hat Wilhelm von Sternburg einen schönen Film gedreht; im Mainzer Dom wurden unter der Anteilnahme vieler Menschen einige Seiten aus ihrem Roman *Das siebte Kreuz* vorgelesen, in dem die Hauptperson, der Flüchtling Georg Heisler, im Dom Zuflucht für die Nacht findet.

Ich möchte das in folgender Weise deuten: 1939, als meine Mutter im französischen Exil den Roman schrieb, reichte sie dem Dom die Hand; im Jahre 2000 nahmen der Dom und die Mainzer die Hand an.

*Anna Seghers um 1942*

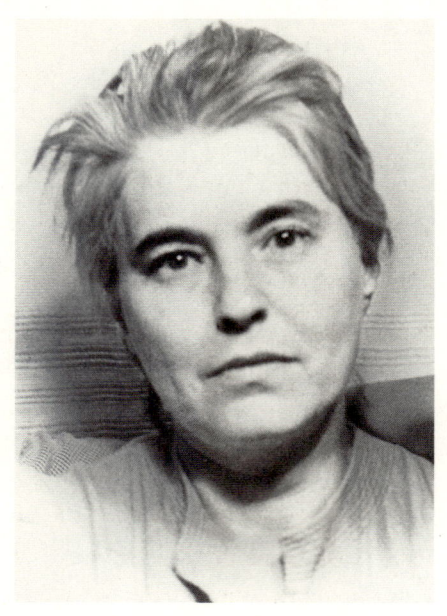

*Anna Seghers nach ihrem Unfall,*
*1943 in Mexiko*

# 1. KAPITEL
## »... das Sausen des Windes vom Rhein her ...«

Am 24. Juni 1943 überquert eine 42-jährige Frau die breite Paseo de la Reforma in Mexiko City. Wie an fast allen dieser warmen Sommerabende ist die Dunkelheit jäh über die laute Millionenmetropole herabgefallen. Ein warmer Nieselregen taucht Häuser und Straßen in ein schmutziges Grau, und die fahle Straßenbeleuchtung durchdringt die frühe Nachtstunde nur spärlich. Die Frau sieht das Auto nicht. Sie wird von der Wucht des Anpralls zur Seite geschleudert und bleibt besinnungslos auf dem Straßenpflaster liegen. Der Fahrer flieht, was nach Verkehrsunfällen in dieser Stadt nichts Ungewöhnliches ist. Stunden später wird die Verletzte aufgefunden und zur Ersten Hilfe in die Calle Monterrey gebracht. Die Ärzte diagnostizieren schwere Kopfverletzungen. Vier Tage ist sie bewusstlos. Als sie erwacht, hat sie ihr Gedächtnis verloren. Amnesie und Sprachverluste weichen erst ganz allmählich. Wochen braucht die Kranke, um in ihr gewohntes Leben zurückzukehren. »... ich konnte monatelang nicht lesen. Auch später, wenn mir nicht ein Auge zugebunden wurde, sah ich alles verquer wie ein ganz verrücktes Bild. Wenn mich meine Freundin besuchte, hatte ich das Gefühl, sie hätte ein Auge auf der Stirn wie ein Zyklop.«[1] Anfang November schreibt sie an den Verleger und Freund Wieland Herzfelde: »Wie Du siehst bin ich wiederhergestellt. Es geht mir noch nicht ganz gut.

*Anna Seghers um 1916*

Meine Augennerven sind noch verletzt, doch ich schreibe wieder Briefe, ja sogar Novellen, noch sehr langsam, aber ich tue es.«[2]

Bis zu ihrem Tod im Jahre 1983 wird die Schriftstellerin Anna Seghers an den Folgen dieses Unfalls leiden. Sie bleibt jedoch als Schriftstellerin präsent, schreibt weiterhin zahlreiche wunderbare Erzählungen und noch drei Romane. Auch ihr politisches Engagement ist ungebrochen, obwohl das Leiden an der Wirklichkeit des real existierenden Sozialismus, zu dem sie sich immer wieder öffentlich bekennt, in den kommenden Jahren wächst.

»Ich begann vor meinem Unfall etwas ganz neues unvorhergesehenes zu schreiben, was ich jetzt beenden moechte«[3], lässt sie Herzfelde in dem November-Brief von 1943 wissen. Diese Anmerkung ist der erste Hinweis auf die vielleicht schönste Erzählung, die Anna Seghers geschrieben hat, auf die Novelle *Der Ausflug der toten Mädchen*. Es erscheint wie eine Fügung, dass sie in den Monaten der Wiedergewinnung ihrer verlorenen Erinnerungen und Tausende von Kilometern getrennt vom Ort der Handlung als Künstlerin zuerst in die Jahre und die Landschaft ihrer Jugend zurückkehrt. Zwischen Traum und Wirklichkeit ist diese Geschichte angesiedelt, in der Anna Seghers liebevoll trauernd das Bild ihrer Geburtsstadt Mainz und Rheinhessens wieder auferstehen lässt, des mächtigen Flusses, der Stadt und Region prägt, und der Menschen, deren Schicksal sich hier in einer mörderischen Zeit erfüllt. Die Novelle spielt kurz vor dem Ausbruch des Ersten Weltkrieges, und Anna Seghers erzählt von einem Ausflug ihrer ehemaligen Schulklasse auf die Rheininsel Petersau.

Pubertierend und voller Zukunftserwartung leben und lieben diese jungen Menschen, die dann in den Jahren des »Dritten Reiches« ebenso wie ihre Lehrer Täter und Opfer des Krieges, der Konzentrationslager oder der Mainzer Bombennächte sein werden. »Wir fuhren unter der Rheinbrücke durch, über die bald im ersten Weltkrieg Militärzüge fahren sollten mit all den Knaben, die jetzt im Garten ihren Kaffee tranken, und mit den Schülern aller Schulen. Als dieser Krieg endete, rückten die Soldaten der Alliierten über die gleiche Brücke und später Hitler mit seiner blutjungen Armee, die das gesperrte Rheinland wieder besetzte, bis die neuen Militärzüge zum neuen Weltkrieg alle Knaben des Volkes zum Sterben rollten.«[4]

Es ist die Geschichte einer verlorenen Generation, eine Erzählung über Größe und Schmach menschlichen Handelns, über mutigen Widerstand und feigen Verrat in Zeiten der Diktatur. Eingebettet aber ist sie in eine Landschaft, der Anna Seghers in all den Jahren der Flucht und Vertreibung, der ideologischen Kämpfe und persönlichen Diffamierungen innerlich immer tief verbunden geblieben ist. Ihre nationalsozialistischen Verfolger treiben die Kommunistin und Jüdin bis an die Ufer des Mittelmeeres und schließlich über den Atlantik. Ihren unüberhörbaren »Meenzerischen« Dialekt, ihre immer wieder aufflackernde rheinische Lebensfreude, ihre karnevalistische Spottsucht oder ihre im Grunde nie verlorene republikanische Liberalität jedoch haben weder das nationalsozialistische Regime noch die späteren Weltbeglücker in der DDR zerstören können. Anna Seghers wird jahrelang in Frankreich und in Mexiko leben, ihre Flucht führt sie und ihre Familie in die Karibik, und sie wird die letzten 35 Jahre ihres Lebens in Ostberlin wohnen. Der Lebensort der Jugend aber bleibt immer präsent. So schreibt sie 1972 über ihre Entscheidung, in Ostberlin zu leben: »Das hat nichts zu tun mit meiner Zuneigung zu dem Ort und der Landschaft, in der ich aufgewachsen bin und meine Jugend verbracht habe. Meine Heimatstadt und der Rhein – wie sie damals waren – und der Taunus ..., das hatte auf mich grossen Eindruck gemacht, und dieser Eindruck kommt in meinen Büchern und Geschichten immer wieder.«[5] Sie ist ein Kind der Flusslandschaft mit ihren lieblichen Auen und weitgespannten Brücken, der sich in sanften und hohen Hügelwellen ausbreitenden rheinhessischen Weinberge und der alten Stadt, deren mächtiger romanischer Dom von der einstigen Macht der Kirche und ihres kurfürstlichen Bischofs zeugt und deren verwitterte Grabsteine auf dem jüdischen Friedhof davon berichten, dass es hier schon lange eine große jüdische Gemeinde gibt. »Mich zog es zuerst dichter ans Ufer, damit ich die unbegrenzte sonnige Weite des Landes in mich einatmen konnte. Ich riß die zwei anderen, Leni und Marianne, zum Gartenzaun, wo wir den Fluß sahen, der graublau und flimmrig an der Wirtschaft vorbeiströmte. Die Dörfer und Hügel auf dem gegenüberliegenden Ufer mit ihren Äckern und Wäldern spiegelten sich in einem Netz von Sonnenkringeln. Je mehr und je länger ich um mich sah, desto freier konnte ich atmen, desto rascher füllte sich mein Herz mit Heiterkeit. Denn fast unmerklich verflüchtigte sich der schwere Druck von Trübsinn, der auf jedem Atemzug gelegen hatte. Bei dem bloßen Anblick des weichen, hügeligen Landes gedieh die Lebensfreude und Heiterkeit statt der Schwermut aus dem Blut selbst, wie ein bestimmtes Korn aus einer bestimmten Luft und Erde.«[6]

Als Anna Seghers diese Zeilen schreibt, haben sich viele Mainzer Stadtteile schon in eine Trümmerlandschaft verwandelt. Die deutsche Hybris erfährt eine furchtbare Antwort, und auch die Städte im Rheinland gehen nahezu ungeschützt im Bombenhagel der alliierten Flugzeugstaffeln unter. Schon im August 1942 erleidet Mainz schwerste Bombenschäden. Der Vater ist kurz vor dem Inferno auf dem jüdischen Friedhof begraben worden. Und Anna Seghers weiß bei der Niederschrift ihrer Novelle, dass die Mutter mit Hunderten anderer Mitglieder der jüdischen Gemeinde deportiert worden ist. Am 20. März 1942 besteigt die zweiundsechzigjährige Hedwig Reiling auf dem Mainzer Güterbahnhof den Todeszug. Ziel ist der polnische Bahnhof Trawniki. Nach einem Zwölfkilometer Fußmarsch erreichen die erschöpften Frauen, Kinder und Männer die Siedlung Piaski. Hier verliert sich die Spur der Mutter. Gewiss ist nur, dass auch sie ein Opfer der Judenverfolgung ihrer deutschen Landsleute geworden ist. Die Novelle wird auf ihren letzten Seiten zum Requiem für die ermordete Mutter: »Ich sah bis zum zweiten Stock hinauf, in dem unsere Wohnung lag. Meine Mutter stand schon auf der kleinen, mit Geranienkästen verzierten Veranda über der Straße. Sie wartete schon auf mich. Wie jung sie doch aussah, die Mutter, viel jünger als ich. Wie dunkel ihr glattes Haar war, mit meinem verglichen. Meins wurde ja schon bald grau, während durch ihres noch keine sichtbaren grauen Strähnen liefen. Sie stand vergnügt und aufrecht da, bestimmt zu arbeitsreichem Familienleben, mit den gewöhnlichen Freuden und Lasten des Alltags, nicht zu einem qualvollen, grausamen Ende in einem abgelegenen Dorf, wohin sie von Hitler verbannt worden war. Jetzt erkannte sie mich und winkte, als sei ich verreist gewesen. So lachte und winkte sie immer nach Ausflügen. Ich lief so schnell ich nur konnte ins Treppenhaus.«[7]

1975 wird Anna Seghers in einem Grußtelegramm an ihre Heimatstadt schreiben: »In dieser Stadt, in der ich meine Kindheit verbrachte, empfing ich, was Goethe den Originaleindruck nennt: den ersten Eindruck, den ein Mensch von einem Teil der Wirklichkeit in sich aufnimmt, ob es der Fluß ist, oder der Wald, die Sterne, die Menschen. Ich habe versucht, in vielen meiner Bücher festzuhalten, was ich hier erfuhr und erlebte ...«[8] Tatsächlich ist ihr Künstlertum ohne die rheinländische Prägung nur schwer denkbar. Mainz mit seinem das damalige Stadtbild beherrschenden Dom, die Dörfer in Rheinhessen und am Fuße des Odenwalds, die ländliche Weinstadt Oppenheim, das in der Nähe von Worms liegende – später als Konzentrationslager eingerichtete – Osthofen, die am Main angesiedelten Handels- und Industriestädte Frankfurt und Höchst, der liebliche, so viel besungene Rheingau, die sanften, waldreichen Hänge des Taunus oder das mondäne Wiesbaden – das alles sind Orte, die den pittoresken Hintergrund in vielen ihrer Romane und Erzählungen bilden. Auf den letzten Seiten der Novelle vom *Ausflug der toten Mädchen* spürt der Leser auf berührende Weise, wie sehr die Erzählerin noch im fernen Mittelamerika von Heimweh und Verlust erfüllt ist: »... schon in der letzten Strecke der Bauhofstraße konnte ich wie immer meinen Lieblingsweg heimgehen, unter den beiden großen Eschen, die sich von der rechten und linken Seite der Straße wie ein Triumphbogen spannten, sich gegenseitig berührend, unzerstört, unzerstörbar. Ich sah auch schon die weißen, roten und blauen Kreisrunde von Blumenbeeten aus Geranien und Begonien in dem Rasen, die meine Straße durchkreuzten. Wie ich hinzutrat, wehte ein Abendwind, wie ich so stark noch keinen auf meinen Schläfen gespürt hatte, aus den Rotdornbäumen eine Wolke von Blättern, die mir zuerst von der Sonne beglänzt schienen, in Wirklichkeit aber sonnenrot gefärbt waren. Es war mir wie immer nach Tagesausflügen zumute, als hätte ich schon geraume Zeit nicht mehr das Sausen des Windes vom Rhein her, in meiner eigenen Straße eingefangen, angehört.«[9]

Nun bietet die Literaturgeschichte bekanntlich eine Fülle von Beispielen dafür, dass die Werke vieler bedeutender Schriftsteller eine immer wiederholte Rückkehr in die Jahre ihrer Kindheit und Jugend sind, sie lebenslang im Banne ihres regionalen »Originaleindrucks« stehen. Kafkas Romane und Erzählungen sind ohne Prag so wenig zu denken wie James Joyces »Ulysses« ohne Dublin, Thomas Manns »Buddenbrooks« ohne Lübeck oder Günter Grass' »Blechtrommel« ohne Danzig. Hier wird Heimat jenseits aller nationalistischen Ideologie zur Seelenlandschaft. In der Provinz spiegelt sich im Kleinen, was im Großen die Welt und die Geschichte bestimmt, in der ihre Bewohner steigen und fallen, lieben, leiden und sterben. Aus dem Erleben des Mikrokosmos ihres frühesten Lebensortes wächst das Erzählen dieser Autoren.

Auch für das Werk von Anna Seghers gilt dies in besonderem Maße. So finden sich etwa in ihrem Roman *Das siebte Kreuz,* dessen Handlung ganz im rheinhessischen Raum angesiedelt ist, im ersten Kapitel Sätze, die nicht zuletzt auch auf ihre existenzielle Verbundenheit mit der Landschaft ihrer Jugend hinweisen. Die Autorin entwirft hier ein gewaltiges historisches Panorama, das vom nie endenden Drama der Völker und Reiche Zeugnis ablegt und vom Einbruch der großen, häufig gewalttätigen Welt in die provinzielle Idylle rheinhessischer Städte und Dörfer berichtet: »Das ist das Land, von dem es heißt, daß die Geschosse des letzten Krieges jeweils die Geschosse des vorletzten aus der Erde wühlen. Diese Hügel sind keine Gebirge. Jedes Kind kann sonntags zu Kaffee und Streuselkuchen seine Verwandten im jenseitigen Dorf besuchen und zum Abendläuten zurück sein. Doch diese Hügelkette war lange der Rand der Welt – jenseits begann die Wildnis, das unbekannte Land. Diese Hügel entlang zogen die Römer den Limes. So viele Geschlechter waren verblutet, seitdem sie die Sonnenaltäre der Kelten hier auf den Hügeln verbrannt hatten, so viele Kämpfe durchgekämpft, daß sie jetzt glauben konnten, die besitzbare Welt sei endgültig umzäunt und gerodet. Aber nicht den Adler und nicht das Kreuz hat die Stadt dort unten im Wappen behalten, sondern das keltische Sonnenrad … Hier lagerten die Legionen und mit ihnen alle Götter der Welt, städtische und bäuerliche, Judengott und Christengott, Astarte und Isis, Mithras und Orpheus. … In dem Tal in seinem Rücken, in der weichen verdunsteten Sonne, sind die Völker gargekocht worden. Norden und Süden, Osten und Westen haben ineinandergebrodelt, aber das Land wurde nichts von alledem und behielt doch von allem etwas. ... Bei der Mündung liegt Mainz. Das stellte dem Heiligen Römischen Reich die Erzkanzler. Und das flache Land zwischen Mainz und Worms, das ganze Ufer war bedeckt von den Zeltlagern der Kaiserwahlen. Jedes Jahr geschah etwas Neues in diesem Land und jedes Jahr dasselbe: daß die Äpfel reiften und der Wein bei einer sanften vernebelten Sonne und den Mühen und Sorgen der Menschen. Denn den Wein brauchten alle für alles, die Bischöfe und Grundbesitzer, um ihren Kaiser zu wählen, die Mönche und Ritter, um ihre Orden zu gründen, die Kreuzfahrer, um Juden zu verbrennen, vierhundert auf einmal auf dem Platz in Mainz, der noch heute der Brand heißt, die geistlichen und weltlichen Kurfürsten, als das Heilige Reich zerfallen war, aber die Feste der Großen lustig wie nie wurden, die Jakobiner, um die Freiheitsbäume zu umtanzen.«[10] Es kommt der Eroberer Napoleon, und bald kehrt die zerlumpte und geschlagene Grande Armée über die Rheinbrücke zurück nach Frankreich. »Es wurde stiller, selbst hierzuland. Auch hierher kamen die Jahre 33 und 48, dünn und bitter, zwei Fädchen geronnenes Blut.«[11] Bismarck ordnet die politische Landkarte Deutschlands neu, und die Franzosen besetzen nach der Niederlage 1919 Mainz und das Rheinland. »Auf dem Gerichtsgebäude wehten die Fahnen der Interalliierten Kommission. Daß man die Fahnen eingeholt hat und gegen die schwarz-rotgoldene vertauscht, die das Reich damals noch hatte, das ist noch längst keine zehn Jahre her. Selbst die Kinder haben sich neulich daran erinnert, als das hundertvierundvierzigste Infanterieregiment zum erstenmal wieder mit klingendem Spiel über die Brücke zog. War das abends ein Feuerwerk! Ernst konnte es hier oben sehen. Brennende, johlende Stadt hinter dem Fluß! Tausende Hakenkreuzelchen, die sich im Wasser kringelten! Wie die Flämmchen darüberhexten! Als der Strom morgens hinter der Eisenbahnbrücke die Stadt zurückließ, war sein stilles bläuliches Grau doch unvermischt. Wie viele Feldzeichen hat er schon durchgespült, wie viele Fahnen.«[12] Anna Seghers aber weiß und lässt es ihre Romanfigur, den Schäfer Ernst, ahnen: »Jetzt sind wir hier. Was jetzt geschieht, geschieht uns.«[13]

Die Mainzerin Anna Seghers hat Weltliteratur geschrieben. Sie hat der Geburtsstadt und der rheinhessischen Region in ihrem Werk ein Denkmal gesetzt. In vielen ihrer Romane und Erzählungen lässt die Schriftstellerin die Menschen ihrer Heimat das Drama der Geschichte und ihre privaten Verwerfungen erleben. Besonders gilt: »Ein Fluß spielt in fast allen meinen Geschichten und all meinen Romanen eine gewisse Rolle.«[14] Die Mainzer Stadtoberen haben das lange nur mit Zähneknirschen zur Kenntnis genommen. Im Kalten Krieg versteinern nicht nur die Herzen, sondern häufig verlassen auch Vernunft und Nachdenklichkeit die Menschen. Im Stadtrat kommt es immer wieder zu peinlichen Szenen, wenn die Volksvertreter über Ehrungen für die große Tochter ihrer Stadt debattieren. Im konservativen Lager hat man wohl weniger ihre Bücher gelesen, dafür – ohne sich groß der Mühe des Hinterfragens zu unterziehen – umso mehr ihre politischen Bekenntnisse und Ansichten. Ideologische Blindheit ist damals nicht nur ein Markenzeichen des östlichen Deutschlands. Allerdings ging es Kafka in der Tschechoslowakei nicht anders. Seine Werke wurden in der kommunistischen Bürokratenwelt zum literarischen Tabuthema. James Joyce verließ verbittert Irland und lebte bis zu seinem Tod im Züricher »Exil«. Thomas Mann musste nach der Veröffentlichung seines Lübeck-romans viel Schimpf und Häme engstirniger Landsleute über sich ergehen lassen. Der »Gutmensch« Günter Grass ist für das konservative Deutschland ein permanentes Ärgernis geblieben.

So haben sich auch die Mainzer oder zumindest ihre politischen Repräsentanten lange schwergetan mit der bedeutendsten Schriftstellerin, die in ihrer Stadt gelebt hat. Als Anna Seghers 1977 auf Beschluss des Senats die Ehrenbürgerschaft der Johannes Gutenberg Universität verliehen wird, kommt es zur offenen Auseinandersetzung. Die Domstädter können am 23. Juni 1977 in der heimischen *Allgemeinen Zeitung* bemerkenswerte und für die damalige politische Atmosphäre nicht untypische Sätze lesen: »Einer Person, die Zeit ihres Lebens der Unterdrückung von Menschen ihre Kraft gewidmet hat, in einem freiheitlich-demokratischen Staat die Ehrenbürgerwürde zu verleihen, ist nach meiner Auffassung ein untrügliches Zeichen des Gesinnungsverfalls. Hätte Herr Professor Schneider (der damalige Universitäts-Präsident – WS) die Auszeichnung einer Kommunistin im Namen der Freiheit in seinem eigenen Lande, nämlich der Schweiz, begründet, ich glaube, die freien Schweizer Bürger hätten ihn aus dem Amt gejagt. In der Bundesrepublik Deutschland nehmen Demokraten so etwas hin. Oh, Schande!«[15] Der Kabarettist Hanns Dieter Hüsch repräsentiert das andere Mainz, das es glücklicherweise auch damals schon gab:

24

»Ich lese die Überschrift eines Leitartikels: ›Das achte Kreuz‹. Pointierte Häme. Ich muß doch glauben, daß Sie wissen, wofür das siebte Kreuz bei Anna Seghers steht. … Darum keinen Streit, sondern Gedankenfreiheit bei uns bewahren. Wenn es die sogenannten politischen Kreise nicht können und gleich unfehlbar, wie sie nun mal sind, schreiben lassen: Mainz ist schockiert – die Universitas litterarum sollte das Prinzip Hoffnung über die Zeit hinwegheben.«[16] Der Literaturkritiker Hans Mayer wird dieser Anleitung 1991 mit einer souveränen Bemerkung Folge leisten: »Aber es gibt auch die Wahrheit der Anna Seghers. Es ist die Lebensleistung der größten deutschen Erzählerin in unserem Jahrhundert.«[17]

Immerhin, auch in Mainz ist ihr schließlich späte Gerechtigkeit widerfahren. An ihrem Geburtshaus in der Parcusstraße 5 findet der Spaziergänger eine Gedächtnistafel. 1981 wird sie – nach heftigem Streit in der Stadtverordnetenversammlung – Ehrenbürgerin ihrer Heimatstadt. Zum 100. Geburtstag im Jahr 2000 findet im Dom eine große, viel beachtete Anna-Seghers-Lesung statt. Seit 2005 gibt es in Mainz eine Anna-Seghers-Gesamtschule, und der öffentliche Teil der Stadtbibliothek am Bonifatiusplatz trägt ebenso ihren Namen wie eine Mainzer Straße. Die Anna-Seghers-Gesellschaft, rührig das künstlerische Vermächtnis ihrer Namensgeberin verwaltend und preisend, hat in Berlin und Mainz ihren Sitz. Es scheint so, als habe die Domstadt mit ihrer großen Tochter Frieden geschlossen.

Als der Kalte Krieg die deutsche Ost-West-Kultur noch nicht ganz für sich vereinnahmt hat, das Land zwar in Besatzungszonen, aber noch nicht in zwei Staaten

*Plakette am Geburtshaus von Anna Seghers in Mainz*

aufgeteilt ist, erhält Anna Seghers den Georg-Büchner-Preis. Es ist der bedeutendste Literaturpreis, der in Deutschland vergeben wird. Man schreibt das Jahr 1947. Anna Seghers ist wenige Monate vorher aus dem Exil zurückgekehrt, und die Deutschen haben noch nicht ganz verdrängt, was durch sie in der Welt geschehen ist. Verliehen wird der Preis in Darmstadt. Die Geehrte bleibt der Preisverleihung fern. Vielleicht scheut sie sich, der Region wiederzubegegnen, die in ihrer Erinnerung noch keine Ruinenlandschaft ist und aus der ihre Mutter deportiert und ihre Mainzer und Frankfurter Verwandten vertrieben wurden. »Das tiefe kind-

liche Heimatsgefuehl, das wir noch in Bellevue (Wohn-
ort der Seghers Familie im Pariser Exil – WS) hatten«,
schreibt sie Ende 1947 in einem Brief an die Freundin
Lore Wolf, »wo wir uns freuten, wenn ein Baum oder
Haus so roch wie daheim, das habe ich nicht mehr. Es
gibt zu viel andre Strecken der Welt, die ich lieb gewonnen habe. Damit will ich keine Treulosigkeit aus-
druecken. Nur ist die Landschaft nicht mehr an meine
Jugend gebunden, sie ist auch zusehr an Grausamkeit
gebunden an die Vernichtungen der liebsten Menschen
meiner Jugend.«[18]

Diese Zeilen schreibt Anna Seghers in einer Stimmung, die vom tiefen Schock geprägt ist, den die Begegnung mit dem zerstörten Deutschland und seinen
hungernden, frierenden und moralisch diskreditierten
Menschen auslöst. Wenige Jahre vorher, im mexikanischen Exil, dachte sie noch mit spöttischer Sehnsucht
und Liebe an die bald zu erwartende Heimkehr: »Ich
möchte mein Alter wenn ich es schon erleben werde
höchst fade in der mit den langweiligsten Bäumen be-
standenen Forsterstrasse in meiner Heimatstadt Mainz
verbringen.«[19]

## 2. KAPITEL
# »Mein Vater war orthodoxer Jude«

Spurensuche: Das alte Mainz ist in den Bombennächten des Zweiten Weltkriegs untergegangen. Die Lebensorte der Anna Seghers in der Domstadt sind jedoch noch zu finden, auch wenn Zerstörung und Wiederaufbau sie längst überwuchert und weitgehend unkenntlich gemacht haben. Das erhalten gebliebene Geburtshaus liegt an einer heute hässlichen, vom Verkehr umlärmten Straße. Wenige Schritte sind es zum Bahnhof, und die Gedenktafel in der Parcusstraße 5 lässt Gewissheit werden, dass die später berühmte und aus wohlhabendem Hause stammende Tochter der Stadt in diesem deutlich vom Alter gezeichneten Haus ihre ersten Lebensjahre verbracht hat. Auch in der Urkunde vom 24. November 1900, die die Geburt der Netty Reiling amtlich festhält, findet sich diese Adresse. Vier Jahre später ziehen die Reilings in die Kaiserstraße 10 um. Die Wohnung liegt im 2. Stock. Das Haus brennt in einer der vielen Bombennächte des Zweiten Weltkriegs aus, und heute findet der Besucher an seiner Stelle einen dieser vielen in der Nachkriegsnot errichteten glanzlosen Häuserblocks. Damals, als der Antiquitäten- und Kunsthändler Isidor Reiling mit seiner kleinen Familie dort einzieht, ist diese von ein wenig protzigen, klassizistischen Mietshäusern und bald mächtigen Bäumen umsäumte Allee Mainzer Neubaugebiet. Das gehobene Bürgertum, zu dem die Reilings zählen, nimmt hier Quartier.

Auf dem Wiener Kongress wird die alte kurfürstliche Residenz 1816 dem Großherzogtum Hessen zugeschlagen und wenig später zur Bundesfestung. Was sich bald als großes Hindernis für alle Stadterweiterungspläne erweisen wird. Die zunehmende Wohnungsnot nimmt durch die große Pulverturmexplosion von 1857 dramatische Formen an. Laut Stadtgeschichte fallen ihr 57 Häuser völlig und 64 teilweise zum Opfer. Erst als Mainz – die Festung ist seit 1866 in preußischem Besitz – nach dem deutsch-französischen Krieg seine strategische Bedeutung verliert, stimmen die Militärs 1872 einer Schleifung der Festungsmauern zu, und die Stadt kann damit ihr Bebauungsgebiet verdoppeln. In der Neustadt, dem so genannten »Gartenfeld«, beginnt eine hektische Bauphase. Trotz einer länger anhaltenden Wirtschafts- und Börsenkrise setzt sich die Stadterweiterung bis 1914 fast ungebrochen fort. Die Volkszählung vom 1. Dezember 1900 weist 84 251 Einwohner aus. Das sind fast 30 000 Einwohner mehr als vor dem Fall des Mauergürtels. Die in den achtziger Jahren gebaute Kaiserstraße verbindet das alte und das neue Mainz, und als die Reilings dorthin umziehen, gilt sie als eine der Prachtstraßen der Stadt.

Am Ende der Kaiserstraße erhebt sich die 1903 geweihte Christuskirche, deren neubarocke Kuppel zu einem der Wahrzeichen der Stadt geworden ist. Es ist das Gotteshaus der evangelischen Stadtgemeinde, und das mächtige Bauwerk zeugt vom neugewonnenen Selbstbewusstsein der im katholischen Mainz lebenden Protestanten. Sie stellen um die Jahrhundertwende immerhin mehr als ein Drittel der Stadtbewohner. Auch dieser sakrale Bau wird in den Bombennächten schwer beschädigt. Heute nur noch als Ruine erhalten ist die St. Christophskirche, an deren tägliches, nahes Glockengeläut sich Anna Seghers noch in ihren späten Jahren erinnert.

Wenige hundert Meter hinter der Kirche erreicht der Spaziergänger den breiten Strom, der in den Tagen der mittelalterlichen Handelsherren und Raubritter Deutschlands wichtigste Handelsstraße gewesen ist und auch noch in Anna Seghers' Jugendtagen eine Lebensader des jungen, ökonomisch aufstrebenden Deutschen Reiches gebildet hat. »Ich bin vom Rhein und sah jeden Tag den Rhein mit Neid an, weil er bald in Holland ins Meer fließen wird.«[20] Barocke, kurfürstliche Schlossbauten, die Fracht- und Touristenschiffe am Ufer, der Hafen mit seinen Speichern, Kneipen und Bordellen, die den Fluss überspannenden Brücken, am gegenüberliegenden Ufer der alte römische Stützpunkt Kastel mit der 1832 errichteten Reduit, die die schwimmende Schiffsbrücke hinüber nach Mainz sichern soll – es ist eine alte, traditionsreiche und doch von den Umbrüchen der Moderne gezeichnete Stadt, in der Netty Reiling ihre ersten Prägungen erfährt. »Wir liefen überall herum, in der alten, kleinen Stadt, stöberten jeden Winkel auf: der Rhein, der Floßhafen, die Dampfer mit den vielen Schleppern, die Waren nach Holland brachten, der Dom, die Kirchen, die Römersteine (das waren die Reste der römischen Wasserleitung) usw., – all das hat offenbar großen Eindruck auf mich gemacht.«[21] Im Tagebuch von 1925 – die junge Doktorandin ist nach ihrem Studium für einige Monate in das Mainzer Elternhaus zurückgekehrt – heißt es: »Jetzt fast täglicher Gang am Rhein, Liebe zu dieser Landschaft.«[22]

Unvergessen der immer wieder mit Blick auf die Jugendjahre erwähnte großartige romanische Kirchenbau, der das Herz der Altstadt bildet und in dessen Schatten sich das Drama der so bedeutenden Mainzer Stadt- und Landesgeschichte vollzogen hat. »Dieser Dom über der Rheinebene wäre mir in all seiner Macht und Größe im Gedächtnis geblieben, wenn ich ihn auch nie wiedergesehen hätte«, schreibt Anna Seghers 1973.[23] Und 1951 hält sie fest: »Ich lernte in meiner Kindheit Dinge kennen, die mein Lebtag Eindruck auf mich gemacht hatten, zum Beispiel der Dom von Mainz, an dem tausend Jahre lang Generationen immer ein Stück auf das andere bauten. Die Zeichnungen, die die Lehrlinge in der gotischen Zeit in den Kalk geritzt hatten. Vor allem die Kellergeschosse des Doms. Ich staunte, daß die Pfähle des Doms beinah so tief in die Erde hineingehen, wie sie in die Luft steigen.«[24] Über Jahrhunderte zählen die Mainzer Erzbischöfe und Kurfürsten – beide Ämter werden in Personalunion wahrgenommen – zu den einflussreichsten Mitgliedern der deutschen Kirchen- und Politikelite. Sie sind es, die als ranghöchste Reichsfürsten im Heiligen Römischen Reich Deutscher Nation zur Königswahl rufen und die häufig schwierige, von Macht- und Geldinteressen beherrschte Wahlprozedur leiten.

In ihrem vielleicht bedeutendsten, sicher aber bekanntesten Roman *Das siebte Kreuz* wird der Mainzer Dom zum dramatischen Fluchtort des KZ-Häftlings Georg Heisler, der Hauptfigur der Geschichte. Die Schilderung der Nacht Heislers im menschenleeren Gotteshaus zählt zu den eindrucksvollsten Szenen, die die Schriftstellerin Anna Seghers veröffentlicht hat.

»Die Dämmerung war so tief, daß die Farben in den Fenstern erloschen. Sie hatte inzwischen den Grad erreicht, wo die Mauern zurückweichen, die Gewölbe sich heben und die Pfeiler sich endlos aneinanderreihen und hochwachsen ins Ungewisse, das vielleicht nichts ist, vielleicht die Unendlichkeit. Georg fühlte sich plötzlich beobachtet. Er kämpfte mit diesem Gefühl, das ihm Körper und Seele lähmte. Er streckte den Kopf unter dem Taufbecken heraus. Fünf Meter von ihm entfernt, vom nächsten Pfeiler, traf ihn der Blick eines Mannes, der dort mit Stab und Mitra an seiner Grabplatte lehnte. Die Dämmerung löste den Prunk seiner Kleider auf, die von ihm wegflossen, aber nicht seine Züge, die klar, einfach und böse waren. Seine Augen verfolgten Georg, der an ihm vorbeikroch. Die Dämmerung drang nicht von außen ein wie an gewöhnlichen Abenden. Der Dom selbst schien sich aufzulösen und zu entsteinern. Die paar Weinranken an den Pfeilern und die Fratzengesichter und dort ein zerstochener nackter Fuß waren Einbildungen und Rauch, alles Steinerne war am Verdunsten und nur Georg war vor Schreck versteinert.«[25]

Aber nicht nur der Dom und die Stadt Mainz prägen das Geschichtsbewusstsein der jungen Netty Reiling. »Auf dieser Halbinsel auf dem Rhein, wo wir spielten, war der Landsitz von Karl dem Großen gewesen, so erzählte man uns, über die Berge war der Limes gelaufen, der Grenzwall des römischen Reiches.«[26] Vor der Haustür liegt der Rheingau, immer wieder von ihr besucht und geliebt: Die Rheinpfalz bei Kaub zeugt vom Gründer des Reiches der Karolinger, der mit seinem Hofstaat hier Rast macht, und vor den Mauern der klei-

*Blick auf Mainz mit dem Dom, um 1910*

nen, am Fuß der steilen Rheinhänge gebauten Stadt erzählt noch heute das Blücher-Denkmal vom Flussübergang der preußischen Truppen auf ihrem Weg in das besiegte napoleonische Paris. Bei Bingen erhebt sich mitten im Strom der sagenumwobene Mäuseturm, der eng mit der mittelalterlichen Geschichte der Mainzer Erzbischöfe verbunden ist. Hoch über Rüdesheim zeugt die bis weit in das Land hinein sichtbare, 12,5 Meter hohe Statue der Germania – 17 Jahre vor Nettys Geburt ist sie eingeweiht worden – vom Triumph der Hohenzollern im Krieg von 1870/71, der das Reich zum mächtigsten Staat auf dem Kontinent werden lässt. Am Biebricher Rheinufer blickt der Besucher auf die architektonisch wunderbar proportionierte barocke Residenz der Nassauer Herzöge. Und natürlich überall in dieser alten, fruchtbaren Landschaft Rheinhessens die zahlreichen, durch Ausgrabungen wieder zutage getretenen Hinweise auf die römischen Eroberer: alte

Fundamente römischer Militärstützpunkte und Verwaltungsgebäude, Überreste des Limes.

Der Rheingau ist auch die Welt der Brentanos, deren Haus in Winkel zeitweise eine Hochburg der Romantik war. In unmittelbarer Nähe erdolcht sich die unglückliche Karoline von Günderrode am 26. Juli 1806 aus Liebeskummer am Rheinufer. Der Frankfurter Wolfgang von Goethe schätzt den Rheingau, besucht ihn bis 1816 vielfach, logiert, trinkt und plaudert im Hause der Brentanos. Als sein Blick vom auf den Rheinhöhen gelegenen Schloss Johannisberg hinüber nach Ingelheim und in das tiefe Stromtal schweift, ist er von der Landschaft überwältigt: »Die Gegend immerfort bewundernd« sei er hier gewandert, teilt er schwärmend seinem Großherzog aus Wiesbaden mit.[27]

Anna Seghers steht mit ihrer nie verlorenen Liebe zur so vielfältigen rheinhessischen Region unter den Dichtern, Malern und Musikern nicht allein. Schon im 17. Jahrhundert erscheinen die ersten Reisebeschreibungen des Rheins. Der große englische Landschaftsmaler William Turner zeigt den Strom in zarten, überaus atmosphärischen Bildern. Mit Friedrich Schlegel beginnt die Rheinromantik ihren Einzug in die Literatur, und ihre Verklärung bestimmt bis heute das Bild des von Ritterburgen und Weinhängen umsäumten Flusses. Georg Forster spottet dagegen: »Auf der Fahrt durch das Rheingau hab ich, verzeih es mir der Nationalstolz meiner Landsleute! eine Reise nach Borneo gelesen …«.[28] Jean Paul hält in einem Brief an seine Frau fest, dass man »in Mainz sehr schöne Mädchen (sieht)«[29]. Heinrich Heine macht den Rhein mit seinen Loreley-Versen unsterblich, und dem nationalen Sturmlied von

Nikolaus Becker »Sie sollen ihn nicht haben, Den freien deutschen Rhein« hält er bissig entgegen: »Zu Biberich hab ich Steine verschluckt,/Wahrhaftig, sie schmeckten nicht lecker!/Doch schwerer liegen im Magen mir/Die Verse von Niklas Becker.«[30] Carl Zuckmayer, 1896 nur wenige Kilometer von Mainz entfernt geboren, schreibt in seinen Erinnerungen: »Meine Heimat ist Rheinhessen, und das heißt, dass sie landschaftlich nichts mit dem zu tun hat, was man unter ›Rhein-Romantik‹ versteht. Diese Gegend zeigt in ihrer starken, besonnten Fruchtbarkeit ein äußerst einfaches, nüchternes Gepräge. Die Rebstöcke stehen ordentlich und brav, die Obstbäume in Reihen gegliedert, alles Land ist Nutzland, und nur der rötliche Hautglanz der Erde verrät etwas von ihrem heimlichen Heißblut, von ihrem gezügelten Temperament. Rot ist die Grundfarbe des Bodens, besonders in der Gegend meines Geburtsorts Nackenheim.«[31] Und wie Anna Seghers wird auch Zuckmayer im Alter festhalten, dass die »Geburtsheimat keine Gefühlsfiktion (ist), kein Gedankenschema. Sie ist ein Gesetz. Sie bedeutet Bestimmung und Vorbestimmung, sie prägt Wachstum und Sprache, Blick und Gehör, sie beseelt die Sinne und öffnet sie dem Wehen des Geistes wie einem keimträchtigen Wind. An einem Strom geboren zu werden, im Bannkreis eines großen Flußes aufzuwachsen, ist ein besonderes Geschenk.«[32] Ähnlich die Anmerkung des 1896 in Darmstadt geborenen Schriftstellers Karl Wolfskehl in einem Brief aus dem Jahr 1947: »Ich habe die Heimat verloren, darin ich, ich meine das Geschlecht, dem ich entstamme, seit Karl dem Grossen im gleichen Rhein-Main-Eck ansass. Ich habe den Rhein in mir …«[33]

Auch Elisabeth Langgässer, neben Anna Seghers eine weitere bedeutende Schriftstellerin aus der rheinhessischen Landschaft, hält fest: »Ich bin am 23. Februar 1899 in Alzey geboren, einer kleinen Stadt des südwestlichen Rheinhessen, die den Fiedelbogen Volkers (Spielmann am Hof der Burgunder im Worms des Nibelungenliedes – WS) im Wappen führt. Auf diesen Ort gehen alle Träume meiner Kindheit, die ersten Ahnungen der Natur und des Geistes als auf ihren Heimatboden zurück.« [34]

Anna Seghers, Wolfskehl und Zuckmayer werden nach 1933 das bittere Brot des Exils essen müssen: Anna Seghers in Frankreich und Mexiko, Wolfskehl in Neuseeland und Carl Zuckmayer als Farmer im nordamerikanischen Vermont. Die Katholikin Elisabeth Langgässer überlebt als »Halbjüdin« unter schwierigen Umständen im Hitler-Staat. Anna Seghers' Roman *Das siebte Kreuz* spielt in Rheinhessen. 1977 wird Anna Seghers mit Blick auf ihre Mainzer Jugendjahre sagen, »was Eindruck auf mich gemacht hatte, versuchte ich erst später, in der Zeit der Weimarer Republik darzustellen, als ich in Berlin war, ungefähr ab 1925: Flößer und Schiffer, verkommenes Kleinbürgertum, den Widerhall der Unruhen aus vielen Teilen Deutschlands nach dem Ersten Weltkrieg.« [35] Wolfskehl wiederum hält dem Deutschtumsgebrüll seiner Naziverfolger mit großem Selbstbewusstsein sein »Hessentum« entgegen. Zuckmayer erlebt seinen frühen Durchbruch als Bühnenautor 1926 mit der Berliner Uraufführung seines Lustspiels »Der fröhliche Weinberg«. Ort der Handlung: ein rheinhessisches Winzerdorf. 1936 erscheint Langgässers Roman »Gang durch das Ried«. Sie hat

diese Geschichte eines durch Mord schuldig geworde-
nen Mannes im hessischen Ried angesiedelt, einer Landschaft, die ihr seit ihren Darmstädter Schuljahren vertraut ist.

Der Antiquitätenladen der Brüder Reiling befindet sich
im Haus am Mainzer Flachsmarkt 2. Für den täglichen
Gang vom Wohnhaus ins Geschäft benötigt Isidor nur
wenige Minuten. »Es war ein älteres, relativ schmales,
aber sehr tiefes und verwinkeltes Gebäude mit drei
Fensterachsen und einem Flügel zur heutigen Bauern-
gasse hin. Es bestand aus dem Erdgeschoß und dem
1. Stock.«[36] Die im maurischen Stil 1856 erbaute Synagoge der orthodoxen jüdischen Gemeinde liegt um die
Ecke, in der Flachsmarktstraße 23. Cafés, Ladenge-
schäfte und Bankgebäude umrahmen das Antiquitäten-
geschäft. Der Mainzer Lebensraum der Reilings bleibt
also übersichtlich. Im Krieg wird diese Welt, auch die
Mainzer Altstadt, an deren Rand der Flachsmarkt liegt,
völlig zerstört. Die Synagoge brennt schon in der Nacht
vom 9./10. November 1938, und zur gleichen Stunde
wird das Geschäftshaus der Reilings vom SA-Mob beschädigt.
    Großvater David erwirbt das Haus in den 1870er-
Jahren, baut es aus, und in alten Adressbüchern findet
sich für seine Unternehmung noch der Eintrag: »Spe-
zereihandlung, Antiquitäten, Kunstgegenstände und
Manufaktur, Mäkler in Gold und Immobilien«. Sohn
Hermann tritt 1891 in das Familienunternehmen ein,
das sich bald ganz dem Kunst- und Antiquitätenhandel
zuwendet. Das Geschäft wird wenig später mit einer
modernen Schaufensterfront ausgestattet, und die an-

gebotenen Antiquitäten finden in einem neuerrichteten Ausstellungsraum ihren Platz. Auch der 1917 erfolgte Zukauf des Hauses Nummer 4 weist auf eine erfolgreiche Geschäftsentwicklung hin. Prominentester Kunde wird der in Darmstadt residierende Großherzog, Landesvater und Kunstliebhaber Ernst Ludwig von Hessen. »Hoflieferanten« dürfen sich schließlich die Reilings nennen, und zu ihren Geschäftspartnern gehört jetzt der wichtigste unter den deutschen Museenaufkäufern, der Generaldirektor der Königlichen Museen in Berlin, Wilhelm Bode. Bald reichen die Geschäftsbeziehungen bis nach Paris, Amsterdam und Petersburg. Manch bedeutender Kunstfreund findet den Weg nach Mainz, um dort bei den Brüdern Reiling neue Schätze für seine Sammlung zu erwerben.

Nettys Vater, Isidor Reiling, wird kurz vor der Jahrhundertwende Mitinhaber und damit Partner des älteren Bruders. »Mein Vater hat Bilder nur gekauft – in Paris, in Madrid und sonstwo, um sie wieder zu verkaufen an Bankleute, Geschäftsleute … er hatte einen richtigen Laden, aber dort hingen keine wichtigen oder wertvollen Bilder, die kamen da gar nicht erst hin, die vermittelte mein Vater anhand von Expertisen. Dafür bekam er Provision.«[37] Als es um eine offizielle Stellungnahme im Zusammenhang mit der »Ernennung« zum preußischen Hoflieferanten geht, schreibt der Mainzer Oberbürgermeister Göttelmann über die materielle Lage der Brüder: Beide sind »im Besitz bedeutender Vermögen«.[38] Eine zweifellos zutreffende Anmerkung.

Hermann und Isidor Reiling sind hoch angesehene Mitglieder der Mainzer israelitischen Gemeinde. Sie gehören damit zu einer der ältesten jüdischen Stadtgemeinden in Deutschland. Im Jahre 1978 spricht eine Ausstellung von der tausendjährigen Geschichte der Juden in Mainz. Im Mittelalter erleben sie wie ihre Glaubensgenossen in nahezu allen europäischen Staaten Vertreibungen und Pogrome. So lässt Heinrich II. 1012 erstmals die Mainzer Juden aus der Stadt jagen. Die Kreuzfahrer ziehen im 11. und 12. Jahrhundert immer wieder mordend und brandschatzend durch das Rheintal, was besonders für die jüdischen Einwohner schreckliche Folgen hat. So erleben auch die Mainzer Juden 1096 ein blutiges Pogrom. Konkurrenzneid ihrer christlichen Nachbarn führt nach dem Dreißigjährigen Krieg zu harten Zuzugsbeschränkungen. »Der Kurfürst beschränkte die Zahl der Schutzfamilien auf 20. Sie sollten ›in einer Gasse beisammen‹ wohnen. … Die wirtschaftlichen Beschränkungen waren rigoros. Erlaubt war nur die nichtzünftige Betätigung. Es war nicht erlaubt, in einem Haushalt mehr als einen Knecht und eine Magd zu beschäftigen.«[39] Im August 1847 – wenige Monate später werden die deutschen Länder von einer Revolution überrollt – können die rheinhessischen Juden endlich ihre (fast) volle Gleichberechtigung feiern. »Das sogenannte ›Moralitätspatent‹, das nach Napoleons ›Infamem Dekret‹ von 1808 jedem jüdischen Handelsmann die amtliche Einholung eines ›Moralzeugnisses‹ auferlegte, war nun wirkungslos.«[40] Mainzer Juden stellen nach der »Befreiung« bald erfolgreiche Unternehmer, Rechtsanwälte, Ärzte oder Künstler, die eine wichtige Rolle im politischen und gesellschaftlichen Leben der Stadt spielen. Noch heute lassen sich auf dem jüdischen Friedhof in Mainz die

Grabsteine bedeutender Persönlichkeiten finden. Auch die von Anna Seghers' Großvater und Vater, David und Isidor Reiling. Den Namen Reiling liest der Besucher auch auf den jüdischen Friedhöfen von Auerbach und Alsbach. Hier am Fuße des Odenwaldes in unmittelbarer Nachbarschaft zu Bensheim wird der Großvater David geboren, und die Familie ist in diesen Dörfern seit Mitte des 18. Jahrhunderts nachweislich ansässig.

1871 leben 2998 Juden in Mainz. Die Zahl sinkt dann leicht und liegt 1933 bei 2730. Wie allerorts, wo sich jüdische Gemeinden gebildet haben, kommt es im 19. Jahrhundert zu einer religiös begründeten Spaltung. Orthodoxe und aufgeklärte Liberale beharren auf ihren Positionen. Diese Spannungen werden durch den Zuzug ostjüdischer Einwanderer, deren Strom Ende des 19. Jahrhunderts anschwillt, verschärft. Auf die assimilierten Westjuden wirken die aus den immer wieder von Pogromen heimgesuchten westlichen Provinzen Russlands zugewanderten Neuankömmlinge durch ihre Kleidung, ihre jiddische Sprache und ihr starres Festhalten an den Vorschriften der jüdischen Religions- und Lebensgesetze befremdend. Der Zionismus spielt auch in Mainz bis zum Machtantritt der antisemitischen Nationalsozialisten eine untergeordnete Rolle.

Das Kriegsende erleben nur wenige Mainzer Juden. 1200 bis 1300 von ihnen wurden in den östlichen Vernichtungslagern der Nazis ermordet. Das Geschäft der Reilings ist im März 1940 »arisiert« worden. Zwei Tage später stirbt Isidor an den Folgen eines Schlaganfalls, sein Bruder Hermann am Tag, als Nettys Mutter deportiert wird. Seine Frau Flora besteigt am 27. März 1942 den Transportzug, dessen Ziel Theresienstadt ist. Schon in den Jahren zuvor werden Nettys Eltern Opfer der Verfolgungs- und Vernichtungsstrategie der Nationalsozialisten. Die diskriminierenden Rassengesetze und -verordnungen zwingen sie, ihren Schmuck, ihr Silberbesteck und andere Wertgegenstände aus ihrem Privatbesitz abzuliefern. Hedwig und Isidor, die Anfang 1933 eine schöne Wohnung am Fischtorplatz bezogen hatten, müssen wie alle ihre jüdischen Glaubensgenossen Ende 1938 in »Judenhäuser« umziehen. Ihre letzte gemeinsame Adresse ist die Taunusstraße 31.

Als die Brüder Reiling noch angesehene Bürger der Stadt Mainz sind, setzen sie sich für die sozial Schwachen in ihrer Gemeinde ein, unterstützen viele der jüdischen Hilfsvereine und sind im Vorstand mehrerer jüdischer Wohltätigkeitsvereine aktiv. »Mein Vater war orthodoxer Jude. Aus Überzeugung, aus Tradition und aus Stolz. Er liebte seine Stadt über alles. Nicht so sein Land, sondern seine engere Heimat. Er kannte in dieser Stadt jedes Gesicht und jeden Stein.«[41] Die Mutter ist ebenfalls sozial engagiert und zählt zu den Mitbegründerinnen des Jüdischen Frauenbundes in Mainz.

Hedwig Fuld entstammt einer reichen Frankfurter Familie. Ihre Mutter ist eine Schwester von Julius Goldschmidt, der einen bedeutenden Antiquitätenhandel betreibt. Das Unternehmen arbeitet mit Zweigstellen in Berlin, Paris und New York. Julius Goldschmidt ist beim Kauf von Antiquitäten und Kunstwerken ein wichtiger Berater der jüdischen Magnatenfamilie Rothschild. Bald darf er sich mit dem Titel »Hoflieferant« schmücken, der ihm sowohl vom russischen Zaren als auch vom griechischen König verliehen wird. Die Geschäfte der Goldschmidts sind von erheblich größerem

Umfang als die des angeheirateten Mainzer Verwandten. Später wird das Haus der Großmutter Nettys in der Obermainanlage 15 zu einem Treffpunkt – keineswegs nur jüdischer – Intellektueller aus der Welt der Künste und der Politik werden. Die Goldschmidts sind emanzipierte und liberale Juden, und sie zählen zur Elite der reichen und stolzen Bürgerstadt. Der Kontakt der Frankfurter und Mainzer Familien ist eng. Besuche in der Mainmetropole gehören zum Alltag der Reilings. Netty hat ein enges Verhältnis zu ihren Onkeln, Tanten, Vettern und Cousinen. Noch nach der Vertreibung der Goldschmidts aus ihrer Frankfurter Welt in den Jahren des Nationalsozialismus hält Anna Seghers Briefkontakt zu ihrem wegen seines Humors besonders geschätzten Cousin Sally David Cramer, der als Geschäftsmann in London lebt. Der bürgerliche Flair, der ihre Jugendjahre prägt, wird nicht zuletzt auch vom Lebensstil der selbstbewussten, sozial engagierten und gebildeten Frankfurter Goldschmidts mitbestimmt.

Eine Schwester von Nettys Mutters ist über viele Jahre hinweg eng befreundet mit Hermann Wendel, Schriftsteller und Chefredakteur der sozialdemokratischen »Volksstimme«, die in Frankfurt erscheint. Wendel gehört dem linken Flügel der SPD an, ist Stadtverordneter und von 1912 bis 1918 Mitglied des Reichstags. Während des Balkankrieges berichtet er als Korrespondent aus Kroatien. Nach dem Krieg schreibt er für die »Frankfurter Zeitung«. Mit dem viel beachteten Feuilletonisten Alfred Kerr verbindet ihn eine freundschaftliche Beziehung. Wendel, der 1936 im französischen Exil stirbt, wird für die junge Netty Reiling zu einem ihrer frühesten politischen Lehrmeister, und er unterstützt die literarische Anfängerin mit Rat und Lob, stellt die Beziehung zum einflussreichen Großkritiker Kerr her. Nicht weniger wichtig: Wendel ist es wohl gewesen, der der Sechzehnjährigen mit einem Buchgeschenk schon sehr früh den Weg zu Heinrich Heine gewiesen hat. Als sich Anna Seghers 1946 im Heinrich-Heine-Club von ihren mexikanischen und deutschen Freunden verabschiedet, spricht sie von dem Dichter, »von dem man daheim gesagt hat: Der große Deutsche und der kranke Jude – der unsere Muttersprache besser sprach – als manche deutschen Müllers oder Schulzens. ... Er hat schon im ›Wintermärchen‹ den grauenhaften Gestank geschnüffelt, der eines Tages aus Deutschland hervorquellen wird und ganz Europa verqualmen. Wie Heine auch Deutschland geliebt und gehaßt hat, er war durch und durch universell.«[42] Ein Seelenverwandter ist ihr der Düsseldorfer Jude und Emigrant, polemische Spötter und an seinem Vaterland leidende Dichter geworden.

Ohne ihre religiöse Bindung zu verlieren, sind die Brüder Reiling assimilierte deutsche Juden. Wie viele ihrer geschäftlich erfolgreichen Glaubensgenossen fühlen sich die Reilings, Fulds und Goldschmidts als selbstbewusste Angehörige des deutschen Bürgertums. Politisch sind die beiden Brüder Reiling liberal. Sie wählen wohl im Kaiserreich die Fortschrittliche Volkspartei, dann nach dem Ersten Weltkrieg deren Nachfolgeorganisation, die von 60 bekannten Persönlichkeiten – darunter der Soziologe Max Weber und der Journalist Theodor Wolff – gegründete Deutsche Demokratische Partei. Deren linksliberale und demokratische Grundeinstellung findet im deutschen Judentum

und im mittelständischen wie im intellektuellen Bürgertum für kurze Zeit ein vielfaches Echo. Später sind
sie Wähler von Gustav Stresemanns Deutscher Volkspartei. Jüdisch-deutsche Patrioten bleiben die Brüder
Reiling, der Traum von der Symbiose zerplatzt für sie
erst mit dem Sieg der Nationalsozialisten. Wie so viele
deutsche Juden haben sie es nicht für möglich gehal-
ten, dass im Deutschland eines Dürer, Beethoven und
Goethe der nationale Wahn in einer Form ausbrechen
würde, der ihre Existenz vernichtet.

## 3. KAPITEL

# »Für wen, gegen wen bist du?«

Anna Seghers hat trotz ihres Weges, der sie Ende der Zwanzigerjahre in die Kommunistische Partei führen wird, diese politisch-kulturellen Wurzeln ihrer Herkunft nie verleugnet. Das Rheinland, seine Liberalität, sein der Obrigkeit gegenüber störrisches Bürgertum – in Mainz gab es von März 1792 bis Juli 1793 das erste demokratisch-bürgerliche Staatswesen in Deutschland –, der Bildungsenthusiasmus, der viele Mitglieder des deutschen Judentums begleitet hat, bleiben ihr auch in den späten Lebensjahren nahe. »Ich komme meiner Heimat und meiner Erziehung nach aus dem Westen. Ich habe meine Kindheit und meine Schulzeit in jenem Teil Deutschlands erlebt, den man geographisch und kulturell das linke Rheinufer nennt ... in dieser lebhaften und aufgeschlossenen Umgebung, die seit Jahrhunderten bereitwillig alle möglichen Kulturströmungen in sich aufgesaugt hat.«[43] Ihre zunehmend skeptische Haltung gegenüber dem staatlichen Bürokratismus und der kulturpolitischen Enge der DDR lässt sich nicht zuletzt durch ihre rheinländisch-bürgerliche Jugend erklären. Unübersehbar – auch in manchem ihrer politischen Essays –, wie gekünstelt häufig ihre Bekenntnisse zum »Proletariat« und zum »Klassenkampf« klingen. So etwa wenn sie 1950 *Über die Entstehung des neuen Menschen* schreibt: »Eine junge Frau, die mit einem solchen Kuchenblech an uns vorübergeht, läßt die Worte fallen:

›Jetzt können wir Kuchen backen. Wir haben jetzt Weizen!‹ Sie fügte hinzu: ›Und auch ein Pferd.‹ Ihre Familie hatte beides zu eigen bekommen, als der Großgrundbesitzer nach dem Einzug der Sowjetarmee entschädigungslos enteignet und sein Boden unter die armen Bauern verteilt worden war.«[44] Das ist nicht nur eine weit von der DDR-Wirklichkeit entfernte Lobeshymne auf die Bodenreform von 1945/46, sondern auch nur ein sehr bescheidener Beitrag zur deutschen Literatur. Wie anders die Passagen in ihren – von der Kritik überwiegend negativ beurteilten – späten Romanen *(Die Toten bleiben jung, Die Entscheidung, Das Vertrauen)*, in denen sie das Versagen und den Niedergang des Bürgertums oder die Erlebnisse ihrer Protagonisten im westlichen Teil Deutschlands oder im westlichen Ausland schildert. Da ist sie ganz in ihrer Welt, da kennt sie Milieu und Verhalten ihrer Figuren, weil sie auf die eigenen Erfahrungen ihrer Herkunft und ihrer kulturellen Entwicklung zurückgreifen kann. Schwach dagegen auch in diesen Texten ihr literarisches Bemühen, sich positiv zum Aufbau des »Arbeiter-und-Bauern-Staates« zu äußern. Diese Kapitel klingen häufig wie eine politische Pflichtübung. Die Entstehung der Manuskripte zu ihren beiden letzten – in der DDR verfaßten – Romanen erweist sich denn auch als mühsam und langwierig. Zweifellos ein Zeichen dafür, wie schwer sich die alternde Dichterin mit dem Thema DDR und »Sozialistischer Realismus« getan hat.

Auch ihre Verwurzelung im Judentum hat Anna Seghers nie vergessen. Sie hat sich allerdings später nur selten zu diesem Thema geäußert. Ende der Zwanzigerjahre tritt sie aus der jüdischen Gemeinschaft aus. Ihre

Sympathien für den Katholizismus, die sich wohl auch mit dem Aufwachsen in der Nähe des Doms, dem Zusammenleben mit ihren katholischen Klassenkameradinnen und dem katholischen Milieu ihrer Geburtsstadt erklären lassen, haben ihre innere Beziehung zum Judentum nie berührt. Die Speise- und Feiertagsgesetze werden in der Kaiserstraße eingehalten, der Synagogenbesuch ist für die Familie eine Selbstverständlichkeit. Jahrzehnte später berichtet eine Schulfreundin: »Netty durfte kein Schweinfleisch essen, sie durfte am Sabbat nicht mit der Bahn fahren und kein Geld anfassen … An den Türrahmen waren die berühmten Glasröhrchen befestigt, die, soviel ich weiß, jeweils eine Zeile aus dem Alten Testament enthielten. Von Freitag bis Samstag abends war ein Besuch unsererseits nicht erwünscht. Ich glaube, daß dann auch der siebenarmige Leuchter brannte.«[45] Ihre Tochter Ruth Radvanyi hält später fest: »Die Familie meiner Mutter war jüdisch-orthodox. Mit liebevoller Sehnsucht erzählte sie von jüdischen Festen.«[46] Noch 1958 bittet sie den Cousin Sally Cramer ihr aus London ein gerade erschienenes Buch über die 1947 gefundenen Schriftrollen aus den Höhlen von Qumran am Toten Meer zu schicken. Die »Dead Sea Scrolls« enthalten Handschriften aus vorchristlichen Jahrhunderten, darunter auch Texte in hebräischer Sprache. Trotz der orthodoxen Grundhaltung der Eltern scheint die religiöse Einstellung im Hause Reiling jedoch tolerant gewesen zu sein. Der Holocaust, die Ermordung ihrer Mutter und die Vertreibung der Familie aus Deutschland lässt Anna Seghers ihr Judentum ab 1933 zweifellos mit neuer Intensität empfinden. 1943/44, in den Monaten, als sie in Mexiko von der Deportation ihrer Mutter erfährt, entsteht die Erzählung, *Post ins gelobte Land*. Es ist die Geschichte des Nathan Levi, dessen Familie um die Jahrhundertwende vor einem Pogrom der ukrainischen Kosaken nach Wien fliehen muss. Als alter Mann reist er nach Palästina. Sein geliebter Sohn lebt als berühmter Augenarzt in Paris, und er schickt dem sehnsuchtsvoll darauf wartenden Vater regelmäßig Post ins gelobte Land. Als der Arzt unheilbar erkrankt, will er dem Vater den Schmerz über einen verlorenen Sohn ersparen und verfasst vor seinem Tod zahlreiche Briefe, die seine Witwe in regelmäßigen Abständen nach Palästina senden wird. Diese meisterhaft geschriebene und den Leser tief berührende Erzählung gehört zum Kanon der großen, im ostjüdischen Milieu angesiedelten Werke, wie wir sie etwa von Karl Emil Franzos oder Joseph Roth kennen. Der Text weist aber auch auf die umfassende Kenntnis der Autorin hin, die sie über Geschichte, Sitten und Gesetze des Judentums besitzt.

Zum Antisemitismus im stalinistischen Ostblock hat Anna Seghers in der Öffentlichkeit weitgehend geschwiegen, ihn aber schmerzvoll zur Kenntnis genommen. Unter der von Stalin ermordeten bolschewistischen Führungsgarde sind zahlreiche jüdische Kommunisten. Die Prager Schauprozesse von 1952 richteten sich fast ausschließlich gegen jüdische Angeklagte. In der DDR verbirgt sich der Antisemitismus hinter den Angriffen auf den »Zionismus«. Anna Seghers hat das nicht übersehen können. Ist es Resignation gewesen, dass sie sich dagegen nicht aufgelehnt hat? Schweigt sie im Interesse der »großen Idee«, der historischen Utopie vom künftigen sozialistischen und gerechten Staat?

Ihre politischen Entscheidungen gründen sich zweifellos mehr auf soziale Emotionen als auf ein gründliches Studium der Theorien des Marxismus-Leninismus oder des realen Geschehens in der jungen Sowjetunion. In einem *Gespräch mit einem Kind über Lenin,* veröffentlicht 1932, findet sich eine Schilderung, die beispielhaft deutlich macht, mit welcher sozialen Naivität Anna Seghers auf die Folgen der bolschewistischen Revolution reagiert: Die Bauern und Arbeiter »begannen, das neue Leben aufzubauen, in dem es keinen Hunger und keine Unterdrückung mehr geben wird«[47]. Als sie diesen Satz veröffentlicht, erlebt die Sowjetunion aufgrund der brutal durchgeführten Zwangskollektivierung in der Landwirtschaft eine schreckliche Hungerkatastrophe, der wahrscheinlich bis zu 14 Millionen Menschen zum Opfer gefallen sind. Ab 1929 baut Stalin das Gulag-System systematisch aus. Millionen Sowjetbürger müssen in den Gefangenenlagern jahrelang Zwangsarbeit und Unterdrückung durchleiden. Auch Anna Seghers will die immer breiter werdende Kluft zwischen Utopie und Wirklichkeit, Propaganda und Staatsterror im Leben des Sowjetstaates viel zu lange nicht sehen. Zehn Tage nach Stalins Tod, am 15. März 1953, reagiert sie auf einen lobhudelnden Nachruf des russischen Schriftstellers und Freundes Ilja Ehrenburg mit den Worten: »Dein Artikel hat mich tief bewegt. Er ist Deines Talents, Deines Vaterlandes und unserer Trauer, unseres Schmerzes würdig.«[48]

Sie steht mit dieser Haltung allerdings keineswegs allein. Zahlreiche Intellektuelle beobachten nach dem Ersten Weltkrieg, den sie zu Recht auf das Versagen des europäischen Bürgertums und der Aristokratie zurückführen, mit großer Sympathie das aufregende Experiment, das sich im bolschewistischen Russland abspielt. Für Deutschland zeichnet sich schon kurz nach der Revolution von 1918/19 eine verhängnisvolle Rückkehr der alten Eliten – Militär, Adel und industrielles Großbürgertum – ab. Bürgerkrieg und Hyperinflation erschüttern die Weimarer Republik. Hohe Arbeitslosigkeit, Hunger, Verarmung des Mittelstandes und politische Radikalisierung sind die Folge. Der Kapitalismus, so muss es vielen sensiblen Beobachtern erscheinen, hat versagt. Das um sein bescheidenes Vermögen gebrachte und oft vor dem Ruin stehende Kleinbürgertum wandert bald nach rechts, sieht im von den Deutschnationalen und dann mit besonderer agitatorischer Wucht von Hitler beschworenen Versailler »Schandfrieden« die Ursachen des drohenden Untergangs. Es erliegt schließlich den Lockrufen der völkischen Hetzer, die wieder einmal die Juden für Deutschlands »Schande« verantwortlich machen. Die Arbeiter schwanken – vor allem nach der Weltwirtschaftskrise von 1929 – zwischen SPD und der immer stärker von den Moskauer Entscheidungen abhängigen KPD. Die Reichswehrführung glaubt ebenso wie am Ende die bürgerlich-industrielle Elite mit Hitlers Hilfe die eigenen Interessen wahren zu können. Ein für die Republik folgenreicher Irrtum.

Dass sich unter den Anhängern der Kommunisten – und unter den bolschewistischen Revolutionären der ersten Stunde – viele jüdische Intellektuelle finden lassen, ist kein Zufall. Europas Juden besitzen die jahrhundertealte Erfahrung von Verfolgung, Unterdrückung und Bedrohung. Für sie gewinnt die gesellschaftliche, wirtschaftliche und politische Befreiung eine existenzielle Bedeutung. Der Traum von der Gleichheit, die ihre Außenseiterrolle in der Gesellschaft aufhebt, lässt sie nach 1918 besonders hoffnungsvoll nach Moskau blicken. So weisen die Weimarer Jahre eine beeindruckende Liste deutsch-jüdischer Autoren auf, die nicht ohne Sympathien die Entwicklungen in der Sowjetunion verfolgen. Auf ihr finden sich Namen wie Lion Feuchtwanger, Ernst Toller und Arnold Zweig, Egon Erwin Kisch und Kurt Tucholsky, Gustav Regler, Manès Sperber und Arthur Koestler. Keineswegs alle werden wie Anna Seghers schon in den Zwanzigerjahren Mitglied der KPD. Im Gegensatz zu ihr nehmen sie eine linksliberale Position ein, ohne sich einer politischen Partei anzuschließen. Erst nach 1933 wird auch ihre Haltung angesichts des Versagens der westlichen Demokratien im spanischen Bürgerkrieg und gegenüber dem nationalsozialistischen Terrorregime in Deutschland radikaler. Die stalinistischen Schauprozesse in den Dreißigerjahren und den Hitler-Stalin-Pakt vom August 1939 erleben viele unter ihnen jedoch als Offenbarungseid der »proletarischen Revolution« von 1917. Mancher – etwa Manès Sperber, Arthur Koestler oder Gustav Regler – bricht jetzt mit dem Kommunismus.

Anna Seghers ist über diese Entwicklungen betroffen und verunsichert, aber sie zieht gegenüber der Partei keine Konsequenzen. Am 1. September 1939, dem Tag, an dem der Zweite Weltkrieg beginnt, schreibt sie in einem Brief aus Paris mit Blick auf den Teufelspakt zwischen Hitler und Stalin an Wieland Herzfelde: »Was für eine Aufregung herrscht unter den Intellektuellen, aber natürlich auch sonst, das kannst Du Dir nicht vorstellen. So waren die Gemüter noch nie durcheinander.«[49] Sie bleibt jedoch allen persönlich durchlebten Erschütterungen und Zweifeln an dem Vorgehen der von Moskau gelenkten kommunistischen Internationale zum Trotz in der Partei und wird ihr bis zu ihrem Tod zumindest in der Öffentlichkeit treu bleiben.

Über die Gründe für ihre angesichts der stalinistischen Verbrechen und des menschenfeindlichen realexistierenden Sozialismus in der DDR nur schwer nachvollziehbaren Haltung lässt sich nur spekulieren. Sie selbst ist öffentlich über allgemeine und formalistische Äußerungen und Bekenntnisse nie hinausgegangen. Anna Seghers bleibt zeitlebens – das mag zurückführen in die frühen Jahre, in denen sie sich nicht ohne Schmerzen von ihrem bürgerlichen Elternhaus löst – ein verschlossener und im Innersten scheuer Mensch. Viele, die sie kannten, bestätigen übereinstimmend in ihren Erinnerungen, dass sie häufig ein wenig abwesend wirkte. »Für mich ist Anna Seghers eine ›private‹ Schauspielerin«, schreibt die langjährige Gefährtin Steffie Spira. »Sie versteckt sich auf unnachahmliche Weise. Bald bricht sie mutig los wie eine Pantherin, deren Junges angegriffen wird, bald sitzt sie wie eine antike Göttin voller Stolz und Ruhe, lässt die Menschen um sich herumbrausen, sagt nur wenig, am liebsten gar nichts. Ihre Augen bekommen dann einen Ausdruck, als habe sie ganz fern etwas ungeheuer Interessantes entdeckt, das ihre ganze Aufmerksamkeit beansprucht.«[50] Aber vielleicht ist dies auch nur eine Schutzhaltung gewesen. Gesprächen über unangenehme politische Themen, so berichten Freunde und Kollegen, weicht sie häufig auch im privaten Kreis mit einer humoristischen und den

Dialog beendenden Bemerkung aus. Was nicht bedeutet, dass sie nicht genau darüber informiert ist, was um sie herum und in der lauten Welt der Politik geschieht. Setzt sie sich für Opfer des DDR-Regimes ein oder lehnt sie kulturpolitische Entscheidungen der SED ab, dann geschieht dies meist im Hintergrund. Treue ist ein wichtiger Begriff im privaten wie im politischen Leben der Anna Seghers gewesen.

Dem Kampf gegen die Nazi-Diktatur, die ab 1939 zu den Verbrechen des Holocaust und einem Vernichtungskrieg gegen Polen und die Sowjetunion führt, hat sie letztlich alle Zweifel untergeordnet. Nach dem Krieg weist sie immer wieder auf den hohen Blutzoll hin, den die Sowjetunion im Kampf gegen Hitler geleistet hat, sieht sie mit Abscheu, wie unfähig die Deutschen in Ost und West sind, sich mit der eigenen Vergangenheit auseinanderzusetzen. Der Westen spielt in den Jahren des Kalten Krieges keineswegs nur die Rolle des Guten und Wahren, wie es die Bonner Ideologen in den Presse- und Radiokommentaren oder auf den politischen Rednertribünen den Menschen suggerieren. Anna Seghers kann nicht übersehen, dass in den Ämtern, in den Parteien, in den Zeitungsredaktionen, an den Gerichten oder in den Industrie- und Bankenvorständen der Bundesrepublik immer noch viele alte Nazis das Sagen haben, die hohen Offiziere der Hitler-Wehrmacht und die Richter des Volksgerichtshofs ihren Lebensabend mit attraktiven Staatspensionen verbringen können. Die Wiedergutmachungsprozesse der Hitler-Opfer stoßen dagegen bei den Gerichten und in der Öffentlichkeit auf Desinteresse und Ablehnung, Mitglieder der verbotenen westdeutschen KPD landen im Gefängnis. Das alles ist nicht nur politische Antipropaganda Ostberlins, sondern bis in die Siebzigerjahre hinein Bonner Wirklichkeit.

Letzte Antworten darauf, was Anna Seghers bewogen hat, bis zu ihrem Tod an ihrer kommunistischen Utopie festzuhalten, gibt es nicht. Sie hat in einer bleiernen Zeit gelebt. Im Zeitalter der Ideologien und der Bürgerkriege geht die Wahrheit im Wortgetümmel der Parteiungen unter. Die Miterlebenden können richtig oder falsch häufig nicht mit der Klarheit erkennen, wie es dann den Nachgeborenen gegeben ist. Kommunismus und Kapitalismus haben in der ersten Hälfte des 20. Jahrhunderts eine tiefe Blutspur gezogen. Auch die Demokraten sind lange gelähmt und passiv geblieben. In einem Interview mit Christa Wolf über ihren Roman *Die Entscheidung* wird Anna Seghers ein Bekenntnis formulieren, das auch etwas von ihrer eigenen Haltung ahnen lässt: »Mir war die Hauptsache, zu zeigen, wie in unserer Welt der Bruch, der die Welt in zwei Lager spaltet, auf alle, selbst die privatesten, selbst die intimsten Teile unseres Lebens einwirkt: Liebe, Ehe, Beruf sind sowenig von der großen Entscheidung ausgenommen wie Politik oder Wirtschaft. Keiner kann sich entziehen, jeder wird vor die Frage gestellt: Für wen, gegen wen bist du?«[52]

Anna Seghers hat sich nicht »entzogen«, sondern geglaubt, in einer fernen Zukunft werde ein sozialistischer Humanismus die Welt heilen können. Auf dieser Hoffnung beruht ihre Antwort auf die Frage »Für wen?« In ihren letzten Lebensjahren ist da allerdings mehr Resignation als Gewissheit zu verspüren. Deutschland bleibt für sie nicht nur das Land ihrer Herkunft und ihrer Sprache, sondern auch das Land der Mörder ihrer Mutter. Im Juni 1945 schreibt sie an den Freund Jürgen Kuczynski: »... wie groß oder wie klein man solche aufrechten Leute (gemeint sind die Deutschen, die Hitler und den Rassismus abgelehnt hatten – WS) an Zahl einschaetzt, uebertrieben oder untertrieben, sie haben nicht ausgereicht um zu verhindern, was gekommen ist: Deutschland verwuestet, weit mehr als 20 Millionen tote Sowjetjugend, Abschlachten der Juden usw. usw.«[52] Ende 1947 lässt sie eine Freundin, die sie in Schweden besucht hatte, in einem Brief aus Berlin wissen: »Ich sehne mich nach eurem kleinen Paradies Schweden. Dort war ich zum letzten vielleicht sogar seit langem zum ersten mal gluecklich. Einfach vergnuegt. Das bin ich hier natuerlich nie.«[53] Nico Rost erreicht im Juni 1948 mit Blick auf Deutschland der Seufzer, »sicher sind dem lieben Gott verschiedene andere Voelker besser gegluekt«.[54]

Was bleibt, sind in diesen schwierigen Jahren die Mainzer Wurzeln. »Wenn Sie meinen toten Eltern und mir etwas Liebes tun wollen«, schreibt sie 1946 noch aus Mexiko an den Kulturdezernenten ihrer Heimatstadt, Michael Oppenheim, »dann waere ich Ihnen von ganzem Herzen verbunden, Sie koennten mir bei der Erfuellung meines grossen Wunsches beistehen: Ich moechte ausserordentlich gern auf begrenzte Zeit die Stadt wiedersehen, in der ich geboren und aufgewachsen bin. Sie koennen sich nicht vorstellen, was fuer Sehnsucht ich nach dem Rhein habe. Dieser Wunsch ist nicht geringer geworden durch alles, was sich daheim zugetragen hat.«[55] Acht Jahre später, sie hat Mainz 1954 zum ersten Mal nach ihrer Rückkehr aus dem Exil wieder gesehen, lässt sie die Freundin Lore Wolf wissen: »Obwohl Du im gewissen Sinn der einzige Mensch gewesen wärst, mit dem ich durch die alten Strassen und zu all den Menschen gelaufen wäre … Es war aber wunderbar gut, dass ich ganz anspruchslos, ganz unvorhergesehen und gewissermassen ziellos dadurch kam und alles so sah, so vorurteilslos und kindisch wie als Kind. Ich war bloss die Netty und sonst nichts.«[56]

Ihre behütete Jugend in Mainz hat Anna Seghers stark gemacht. Ihr Talent lässt sie zur bedeutendsten deutschsprachigen Schriftstellerin ihrer Generation werden. Ihre humanitäre Grundhaltung, ihr Mitleiden mit den Verdammten dieser Welt, denen sie nicht nur auf den Straßen der im Wirtschaftschaos versinkenden Weimarer Republik, sondern dann auch in der Karibik oder im mexikanischen Alltag begegnet, bindet sie an den Sozialismus, dessen menschliches Antlitz sie vergeblich beschwört. Ihr Judentum hat sie möglicherweise die Schrecken der Zeit früher und schärfer erkennen lassen als viele ihrer Zeitgenossen. »Sie war im Tiefsten eine verstörte Person«, meint der Schriftsteller Rolf Schneider, der sie als junger Lektor und Dramaturg gekannt und verehrt hat. »Diese Verstörung, glaube ich, hängt damit zusammen, daß sie Jüdin war. Sie hatte die Urangst aller älteren deutschen Juden, daß das große Pogrom doch noch kommen wird, und sie versteckte sich. Zugleich war sie ein stolze Jüdin.«[57]

## 4. KAPITEL

# »Oft war ich im Dom …«

Netty Reiling ist ein Einzelkind. Von den Eltern geliebt, durch materielle Sicherheit behütet und geschützt, entwickelt sie sich zu einem intelligenten und fröhlichen Mädchen. Bis ins hohe Alter wird sie ihre Umwelt mit ihrem Humor und ihrer gelegentlich etwas zerstreut wirkenden liebevollen Zugewandtheit beeindrucken. »Als einziges Kind war ich von meinen Eltern so behandelt, wie ein Kind von guten Eltern behandelt wird. Das bedeutet, nicht eingesperrt sein. Wir liefen überall herum, in der alten, kleinen Stadt, stöberten jeden Winkel auf …«[58] Aber schon in den frühen Lebensjahren deutet sich auch ihre Außenseiterrolle im Kreise der Familie oder der Freundinnen an. »Ich habe, wenn ich ein Bauwerk aus der Römerzeit sah, nicht nur an die Geschichte gedacht, sondern ich erdachte sofort auch Geschichten, ich erlebte diese Geschichten in meiner Phantasie, ich erregte mich, und ich war enttäuscht, dass es meinen Freundinnen nicht so erging wie mir.«[59] Netty – »mein Vater wollte Jeanette wie seine Mutter, aber zu dieser Zeit akzeptierte man in meiner Heimatstadt keinen französischen Namen«[60] – ist kontaktfreudig und blickt mit großer Neugier auf die Menschen und ihr Leben. Sie ist jedoch scheu, voller Selbstzweifel, und nie wird sie ihre naive, in diesem Sinn kindliche Haltung zur Welt ganz verlieren. Aber – das bleibt eine lebenslange Empfindung – sie fühlt sich häufig allein.

*Netty Reiling als Kind*
*mit einem Ohrenverband*

Später sagt sie: »Als kleines Kind, als ganz kleines Kind, bevor ich in die Schule kam und im ersten Jahr, in dem ich in die Schule ging, war ich oft krank, und dabei lernte ich verhältnismäßig früh lesen und dadurch auch schreiben. Und dann erfand ich, hauptsächlich, weil ich allein war und mir eine Umwelt machen wollte, alle möglichen kleine Geschichten, die ich mir vorerzählte, und manchmal schrieb ich auch drei Sätze, sozusagen zu Abziehbildern. ... Ich habe ja niemand gehabt als kleines Kind, der mir Märchen erzählte ... Ich mußte sie mir selbst erzählen.«[61] Ein frühes Bild zeigt sie im Kinderbett, den Kopf mit einem dicken Verband umwickelt, der auf eine schwere Mittelohrentzündung hinweist, die sie lange ans Krankenlager fesselt. »Als Kind ... mußte (sie) zwei Operationen über sich ergehen lassen, sie durfte niemals mit dem Kopf unter Wasser geraten und mußte sich beim Baden stets in acht nehmen.«[62] Reisen an die Nordsee sollen die labile Gesundheit stabilisieren. Es sind Aufenthalte, bei denen sie ihre Liebe zum Meer entdeckt und Zeiten der Selbstfindung eines phantasievollen Kindes. »Was Nettys Vorliebe für Märchen und ihre Phantasie-Begabung betrifft: ihre Mutter, die ich sehr verehrte, zeigte mir mal ein von Netty verfertigtes Puppentheater en miniature: ich glaube es war ein Schuhkasten, und man konnte die Szenerie wie eine Harmonika auseinanderziehen. Und dazu verfertigte sie dann auch Texte.«[63] Sie selbst schreibt im Februar 1956 in einem Brief an den russischen Literaturkritiker Wladimir Iwanowitsch Steshenski: »Von manchen Geschichten zu ihren Bildern hatte ich grosse Angst, weit über das entsprechende Alter. Ich weiss noch, wie meine Mutter so

*Isidor Reiling mit Netty*

etwas versteckte, wie ich es aber dann hartnäckig suchte, u dann mit einem Schreckensschrei die ganze Familie alarmierte.«[64]

Den Vater hat sie geliebt, das Verhältnis zu Mutter ist nicht konfliktfrei. »Jedenfalls solltest du wissen, daß ich kein so gutes Verhältnis zu ihr hatte«, vertraut sie einem Gesprächspartner 1979 an. »Mit den Geschäften meines Vaters hatte meine Mutter nichts zu tun, sie hatte keine Beziehung zu den Geschäften meines Vaters. Sie hat sich für anderes interessiert.«[65] Wilhelminische Idylle: Der Vater hat die kleine Netty auf dem Arm. Das Kind ist herausgeputzt mit weißer Plüschhaube und weißem Kleidchen. Der erfolgreiche Geschäftsmann posiert selbstbewusst, schwarzer Schnauzer und Schiebermütze, eleganter grauer Anzug und weiße Dandyschuhe, die Hand betont lässig in der Hosentasche. Wie eine Gestalt aus einem Roman von Marcel Proust lässt sich Isidor Reiling von der Kamera ablichten. Glückliche Zeiten eines Bürgertums, das noch nicht ahnt, wie nah es dem Inferno ist, das seine Welt verschlingen wird.

Anna Seghers hat sich später nur spärlich über ihre Jugendjahre geäußert. Sie scheut biografische Auskünfte und betont, nur das Werk sei entscheidend, auch mit Blick auf ihre Person. »Ich bin aber ungeeignet zu allem, was an Autobiographie, Tagebuch usw. erinnert«, lässt sie einmal den Mainzer Pressereferenten und Publizisten Walter Heist wissen, der ein Buch über sie veröffentlichen will. »Ich möchte auch nicht, dass Sie über meinen Vater schreiben oder schreiben lassen. Ich kann und werde nichts über ihn schreiben, und ich bitte Sie auch herzlich, niemand aufzuspüren, der es tun würde.«[66] Erst als berühmte DDR-Autorin wird sie etwas mehr über sich preisgeben. Ihre Kindheit liegt dann schon ein halbes Jahrhundert zurück, und die Erinnerungen sind nicht frei von dem inzwischen Erlebten und Erlittenen. Vielleicht soll da manches vom inneren Werden und äußerlichen Lebensgang mehr verschleiert als offenbart werden. Aber besonders die Erinnerungen an die Mainzer Jahre erscheinen doch in vielen Passagen sehr authentisch. Das gilt auch für ihren späteren Blick auf die Familie.

Das gute Verhältnis zum Vater gründet sich nicht zuletzt auf das gemeinsame Interesse an der Bildenden Kunst. »Ich hatte schon als ganz junges Ding eine große Liebe zur Malerei und zur Baukunst.«[67] Woher diese Liebe gekommen ist, darüber äußert sich Anna Seghers unterschiedlich. Einmal betont sie, dass diese Liebe »nicht mit Elternhaus und Erziehung zusammenhing, wie manche denken, sondern mit meiner regen Phantasie«.[68] In einem handschriftlichen Lebenslauf, der sich in ihrer Kaderakte beim Zentralkomitee der SED gefunden hat, hält sie dagegen fest: »... durch ihn (gemeint ist hier ihr Vater – WS) und meine Lehrer kam ich als Kind früh und einfach mit dem in Berührung, was man ›Kulturerbe‹ nennt.«[69] Beides trifft wohl zu. Die Rolle des Vaters ist in dieser Frage jedoch zweifellos entscheidend gewesen. Er berät das Domkapitel in Fragen der Kunstsammlung des Mainzer Domes und ist – wie Anna Seghers einmal selbst betont – ein bedeutender Kenner der niederländischen Malerei. Er führt die Tochter mit Fachautoritäten in der Kunstszene und einigen Verwaltern der Mainzer Kunstschätze zusammen. »Oft war ich im Dom – aber nicht, weil mein Vater dort immerfort zu tun gehabt hätte, man kannte mich, da war es mir erlaubt, in den Gewölben herumzustreichen.«[70] Im Geschäft am Flachsmarkt begegnen Netty täglich Antiquitäten und künstlerische Werke. Die Gespräche im Familienkreis werden sich häufig mit Fragen der Bildenden Kunst und der Ästhetik beschäftigt haben. Reisen nach Holland und Frankreich führen das junge Mädchen in einige der großen Museen der Welt. Sie wird später Kunstgeschichte studieren. Ihre Doktorarbeit beschäftigt sich mit Rembrandt und seinen Bildern zum Judentum. In einem Gespräch von 1973 meint sie denn auch: »Natürlich kam ich durch meinen Vater mehr als andere mit Kunstwerken in Verbindung, auch hatten wir zu Hause Bücher über Malerei und Baukunst, mein Vater war ja Kunsthändler.«[71]

Aber auch der Einfluss der Mutter ist beträchtlich. Sie liest viel, lernt die Blindenschrift, ist gesellschaftlich engagiert und unterrichtet gelegentlich »an der Mainzer Dummenschul – so nannten die Bürgerlichen die Schule wirklich – da mangelte es oft an Lehrern. Da hat sie mir so manches über die armen Teufel erzählt, was mich anregte.«[72] Vielleicht liegt in diesen Berichten eine der frühesten Wurzeln für Anna Seghers' erste Erzählungen – *Jans muß sterben*, *Grubetsch* und *Die Ziegler*. Es sind düstere, expressionistisch angehauchte Geschichten aus der Welt dunkler Hinterhöfe, verzweifelter Armut und des frühen Todes. Sie wollen auf den ersten Blick so gar nicht in die idyllische Bürgerlichkeit der Reilings passen. Aber: »Ich bin oft gefragt worden, woher ich, da ich doch aus sogenanntem guten bürgerlichen Milieu stamme, das Leben der Armen so genau kannte. Die Antwort ist ganz einfach: Ich konnte doch überall hingehen und sehen, was ich sehen wollte. Man muß doch nicht, um etwas beschreiben zu können, es erst selbst erlebt haben. Man muß nur richtig hinsehen und intensiv mitempfinden.«[73] Die Erzählungen der Mutter aus dem Leben der Erwachsenen, in denen sie von ihren Beobachtungen in der Mainzer »Dummenschul« und ihrer Arbeit in den Hilfskomitees der jüdischen Gemeinde berichtet, hinterlassen bei der Tochter deutliche Spuren. Jedenfalls haben sie, wie Anna Seghers später berichtet, ihren Blick für die sozialen Verwerfungen in der spätwilhelminischen Gesellschaft und die eigene Sensibilität angesichts der Vielschichtigkeit der Mainzer Vorkriegs- und Kriegsgesellschaft mitgeprägt.

Netty ist eine Frühleserin. Bücher beginnen schon bald ins Zentrum ihres Lebens zu rücken. »Märchen und auch Sagen! Ich hatte von meinem Vater die Ausgabe der Bechstein-Märchen mit den Illustrationen von Ludwig Richter. Man konnte mit diesen Bildern richtig in der Landschaft herumspazieren. Es war eine merkwürdige Vermischung von Phantastischem und Wirklichem, die mich beeindruckte ... Die Bücher von Johanna Spyri waren damals große Mode. Und, seltsam, ich mochte sie gern: ›Heidi‹ ... Von der Robinson-Geschichte war ich fasziniert, ich nahm mir vor etwas Ähnliches zu schreiben.«[74] Unvergessene Leseeindrücke: Anna Seghers wird später wunderbare Märchen- und Sagennovellen veröffentlichen. »Ich liebte Grimms Märchen«, sagt Kafka in ihrer späten Erzählung *Die Reisebegegnung* im Gespräch mit E. T. A. Hoffmann und Nikolai Gogol. »Aus ihrer Sprache lernte ich viel. Ich muß gestehen, den Sinn und den Rhythmus mancher Sätze habe ich mir angeeignet. Wie wunderbar ist die Sprache, wie rätselhaft! Die einzelnen Menschen mögen Unsinn und Lügen verzapfen und quasseln und quatschen. Als Ganzes ist jede Sprache gewaltig.«[75] Da spricht nicht nur Kafka, sondern auch die literarische Erfinderin dieser fiktiven Begegnung dreier großer Erzähler des Fantastischen.

Schon früh auch die Begegnung mit dem Faust-Stoff. Die Mutter, so erzählt sie, habe den »Prolog aus dem Himmel« auswendig deklamiert. Im nahen Odenwald wurde der Held Siegfried meuchlings von Hagen erschlagen. Wenig entfernt von der Quelle, wo dieser Mord geschehen sein soll, liegt Auerbach, das Dörfchen, aus dem die Reilings nach Mainz gekommen sind. »Die Niebelungen (sic!) ... interessierten mich immer und interessieren mich auch noch heute, wie die ganze Völkerwanderungszeit mich interessiert«, schreibt sie 1972 an einen ihrer Biografen.[76] Eine bildungsbürgerliche Jugend ist es, in der auch bald die Namen Schiller und Goethe, Heine und Büchner, Balzac und Zola auftauchen. Noch in der Ferne liegen Tolstoi und Dostojewski, deren Werke für die Schriftstellerin Anna Seghers dann so bedeutungsvoll werden sollen. »... so was schönes wie die ›Brüder Karamasow‹ oder ›Der Idiot‹ gibt es nicht so leicht wieder«[77], schwärmt sie im hohen Alter. In verschiedenen Interviews hat Anna Seghers auf ihre literarischen Wurzeln hingewiesen: »Viele Werke der Weltliteratur, und innerhalb der Weltliteratur deutsche Schriftsteller, haben Eindruck auf mich gemacht. Ich habe von manchem einzelnen gelernt, manches habe ich vielleicht direkt oder indirekt in mich aufgenommen, stark oder schwach. Ich kann

*Netty Reiling als Schülerin*

mir kaum denken, wie ich damals soll gelebt oder geschrieben haben ohne einzelne solcher Eindrücke.«[78]

Der Vater schickt Netty nicht auf die »Israelitische
Schulanstalt«, wie es die orthodoxe Erziehung eigentlich fordert. Die Schülerinnenlaufbahn der Tochter beginnt in einer angesehenen Privatschule in der Raimundi-
straße. Es ist wohl auch das bewusste Bekenntnis zum
deutschen Bildungsideal, das Isidor Reiling zu dieser
Entscheidung bewegt hat. In den überfüllten Klassen
der jüdischen Gemeindeschule sieht er keine guten Bil-
dungschancen für Netty. Sigrid Bock, die Biografin von

*Netty Reiling (2. Reihe, Mitte) mit ihrer Klasse*
*während des Ersten Weltkriegs*

Anna Seghers' frühen Jahren, weist zudem darauf hin, dass »diese Entscheidung mit der ungefestigten Gesundheit Nettys zu entschuldigen (ist). Täglich zwei bis drei Stunden Unterricht zusammen mit drei, höchstens vier anderen Kindern verkraftete sicherlich auch sie.«[79] Eine Mitschülerin hält später fest, dass sie »in dieser Privatschule drei Jahre lang täglich nur zwei Stunden Schule (hatten); trotzdem kamen wir alle fünf gut vorbereitet in die Töchterschule«.[80]

Netty bewältigt den Stoff problemlos. Lehrerinnen und Mitschülerinnen sprechen später von der Leichtigkeit, mit der sie die schulischen Anforderungen gemeistert hat. Aber auch hier ist schon die Rede von der Außenseiterrolle der Freundin und Mitschülerin. Sie bleibt zurückhaltend, scheu und spürt die Distanz. »Ich wurde gerade ein wenig traurig«, heißt es in der Erzählung *Der Ausflug der toten Mädchen,* »kam mir, wie es in der Schulzeit leicht geschah, ein wenig verbannt vor aus

*Die Höhere Mädchenschule 1908*

den gemeinsamen Spielen und herzlichen Freundschaften der anderen.«[81]

Das ist eine autobiografische Szene, die schon aus den Jahren stammt, in denen Netty die Mainzer »Höhere Mädchenschule« am Petersplatz (heute Anne-Frank-Schule) besucht. Der orthodoxe Vater ist in Fragen der Bildung ganz offensichtlich ein Reformer. Vielleicht hofft er auch schon zu diesem Zeitpunkt, dass das einzige Kind einmal die Nachfolge im Reilingschen Kunsthandel antreten wird. Dazu braucht es eine zielgerichtete und breite Ausbildung. Die industrielle Revolution und die wachsende Säkularisierung halten zudem in den seit Jahrhunderten von den Kirchen bestimmten Schulplänen Einzug. Die gleichberechtigte, höhere Ausbildung für Mädchen wird noch lange auf sich warten lassen, aber die Zeiten wandeln sich bereits. Die Mainzer Schule bietet Netty allerdings lediglich einen Abschluss, der keineswegs automatisch den Weg zur Universität ermöglicht. Die wilhelminische Schulreform von 1913 eröffnet ihr dann neue Perspektiven. So wechselt sie 1917 auf die »Großherzogliche Studienanstalt«, wo sie ihr Abitur machen wird. »Bis zu ihrem Lebensende blieb meine Mutter mit ihrer Schule verbunden«, erzählt die Tochter Ruth Radvanyi. »Sie erinnerte sich an die Namen vieler Mitschülerinnen und Lehrer, korrespondierte mit einigen Klassenkameradinnen und hauptsächlich mit ihrer Lehrerin Fräulein Dr. Magdalena Herrmann. Fräulein Herrmann schickte ihr nach 1950 jedes Jahr selbstgebackenes Weihnachtsgebäck und ließ es für die Mutter nach eigenem Rezept backen, nachdem sie erblindet war.«[82]

Rasch zeigt sich, dass Nettys Lieblingsfächer Deutsch

(Literatur) und Geschichte sind. Beiden Wissensfeldern gilt auch in den kommenden Jahrzehnten ihre Liebe und ihr Interesse. Eigenen Aussagen zufolge ist sie gerne zur Schule gegangen. Verständlich, denn der breite Lehrstoff und die Begegnung mit den neuerworbenen Schulfreundinnen lässt sie die häufig als Enge verspürte bürgerlich-jüdische Welt des Elternhauses überwinden. Netty wird ihr ganzes künftiges Leben eine neugierige Lernende bleiben. Die Schule ist für sie ein bedeutender Schritt, der sie hinausführt in die Welt des Wissens und des Geistes. In der männerdominierten Literatur- und Politikszene weiß sie später allerdings häufig beredt zu schweigen, wenn die allwissenden Kollegen und Funktionäre schwadronieren und den Zeigefinger erheben. Ein Bild, aufgenommen am Rande des Pariser Schriftstellerkongresses zur Verteidigung der Kultur im Juni 1935, das Anna Seghers im Gespräch mit den Autoren Bodo Uhse und Lion Feuchtwanger zeigt, illustriert dies auf recht amüsante Weise. Gekleidet wie eine brave Klosterschülerin, mit leicht geneigtem Kopf und den Blick ein wenig gesenkt, steht die damals schon bekannte Autorin wie eine aufmerksame Gymnasiastin vor ihren männlichen Partnern. Das ist nicht zuletzt das überlegene Spiel einer klugen Frau, der die Eitelkeiten der Männer nicht fremd sind. Sie wird diese häufig ein wenig naiv wirkende Haltung in vielen Lebenslagen – auch in den schwierigen politischen Debatten der DDR-Jahre – einnehmen. Allerdings, sie weiß genau Bescheid über das, um was es da geht, wenn in häufig verqueren und wortreichen politischen Diskussionen die selbsternannten Kulturapostel das Wort führen.

*Anna Seghers 1935 mit Lion Feuchtwanger (Mitte) und Bodo Uhse bei der Eröffnung der deutschen Freiheitsbibliothek in Paris*

Am 1. August 1914 kennt der Kaiser angeblich keine Parteien mehr, und die SPD-Fraktion gibt wenige Tage später ihre Zustimmung für die Ausgabe von Kriegsanleihen. Eine Welt bricht zusammen. Die organisierte Arbeiterbewegung akzeptiert den von Wilhelm II. ausgerufenen und von einer mehrheitlich in taumelnde Kriegsbegeisterung gefallenen Bevölkerung umjubelten »Burgfrieden«. Es wird der Anfang der für die deutsche Geschichte so verhängnisvollen Spaltung der Arbeiterbewegung sein. Sie wird auch für das Leben der Anna Seghers eine existenzielle Bedeutung erlangen. Am Ende des Krieges werden vier Kaiserreiche, die über Jahrhunderte das Schicksal Europas bestimmt haben, zusammenstürzen. Mit der bolschewistischen Revolution von 1917 beginnt das Zeitalter der Ideologien seine Herrschaft über die Köpfe der Menschen anzutreten.

Europa versinkt in einen immer wieder auflodernden Bürgerkrieg, der erst mit dem Konkurs des sowjetischen Imperiums im Jahre 1990 endet.

Der Krieg wird schon rasch auch in Mainz spürbar. In der Stadtchronik ist zu lesen, dass mit Kriegsausbruch die seit 1871 anhaltende Mainzer Blütezeit beendet ist. Der Arbeitsmarkt, die Ernährungslage der Bevölkerung, die Fürsorge für die verwundeten Soldaten und die Familien der Kriegsopfer rücken ins Zentrum der Verwaltungsarbeit. 1916/17 erlebt die Stadt den in ganz Deutschland berüchtigten Steckrübenwinter, Teuerung und Lebensmittelknappheit sorgen für wachsende Unruhe in der Bevölkerung. Im Sommer 1918 kommt es zu Hungerdemonstrationen auf dem Halleplatz. Am 9. Mai 1918 fallen die ersten Bomben auf die Stadt. Elf Menschen werden getötet und 54 Gebäude beschädigt. Als Anna Seghers Jahrzehnte später in einem kleinen Bericht darüber spricht, wie sehr ihr die »Macht und die Größe« des Doms im Gedächtnis geblieben sind, fügt sie hinzu: »Aber ebensowenig kann ich ein anderes Denkmal in meiner Heimatstadt vergessen. Es bestand nur aus einem einzigen flachen Stein, den man in das Pflaster einer Straße gesetzt hat. Hieß die Straße Bonifatiusstraße? Hieß sie Frauenlobstraße? Das weiß ich nicht mehr. Ich weiß nur, daß der Stein zum Gedächtnis einer Frau eingefügt wurde, die im ersten Weltkrieg durch Bombensplitter umkam, als sie Milch für ihr Kind holen wollte. Wenn ich mich recht erinnere war sie die Frau des jüdischen Weinhändlers Eppstein. – Menschenfresserisch, grausam war der erste Weltkrieg, man begann aber erst an seinem Ende mit Luftangriffen auf Städte und Menschen.«[83]

Der Erste Weltkrieg hat in den Menschen, die ihn erlebt haben, unauslöschliche Spuren hinterlassen. Als die Soldaten heimkehren, kommen sie in ein verändertes Land. Der Krieg hat die Finanzen Deutschlands ruiniert, die Niederlage auf dem Schlachtfeld und die demütigenden Friedensverträge lösen in der Bevölkerung einen Schock aus. Das Rheinland – und auch das rheinhessische Mainz – werden von den Siegern besetzt. Die desillusionierten jungen Männer und Frauen fordern radikale politische und wirtschaftliche Reformen. Bürgerkriegsstimmung liegt in der Luft. Rechts wie links werden die Rufe nach der Revolution immer lauter. Das wilhelminische Bürgertum geht in der Hyperinflation von 1923 unter. Die deutschen Juden müssen in den rechtsnationalen Parteiblättern wieder antisemitische Hetzartikel lesen.

Auch für die junge Netty Reiling bedeutet der Kriegsausbruch einen tiefen Einschnitt. Das behütete bürgerliche Zuhause wird durch das Drama an den Fronten und die Veränderungen im Leben ihrer Heimatstadt erschüttert. Sie sieht auf den Straßen von Mainz das Elend der Hungernden und Arbeitslosen. Am Bahnhof halten die Verwundetentransporte, und in den Zeitungen werden die Todeslisten immer länger. Der Tod ist plötzlich nicht mehr nur Literatur, sondern erlebte Wirklichkeit. Hedwig Reiling und ihre Tochter arbeiten in der Sozialhilfe und in der Krankenpflege. Die Mutter ist Rote-Kreuz-Schwester im Bahndienst, versorgt dort die durchkommenden Truppen- und Verwundetentransporte. Auf die Frage, was sie in ihrem Leben politisch besonders beeinflusst habe, wird Anna Seghers 1973 antworten: »Der erste Weltkrieg mit seinen Härten und Schwierigkeiten für jeden Einzelnen. Nachts durchmarschierende Soldaten und ihre Lieder.«[84]

Schon durch seine internationalen Geschäftsverbindungen, seine Liebe zur niederländischen Malerei und seine geliebten Reisen nach Paris ist Isidor Reiling sicher kein chauvinistischer Nationalist gewesen. Aber patriotische Gefühle sind den Reilings keineswegs fremd. Die deutschen Juden sehen sich jedoch schon nach wenigen Kriegsmonaten einer kaum verdeckten, hämischen Kampagne gegenüber: Juden würden sich um den Kriegsdienst drücken, behaupten die antisemitischen Blätter und Broschüren. Eine Meinung, die auch im mehrheitlich judenfeindlichen Offizierskorps des Heeres weit verbreitet ist. Anfang November 1916 lässt der Kriegsminister eine »Judenzählung« durchführen, deren Ergebnis dann bis Kriegsende nicht veröffentlicht wird. Eine Tatsache, die zu neuen antisemitischen Attacken führt. Die deutschen Juden sind zu Recht empört und empfinden das Vorgehen der politischen und militärischen Führung als diskriminierend. Die Wahrheit kommt erst durch eine statistische Untersuchung im Jahr 1922 an den Tag. Mit 17,3 Prozent sind anteilig ebenso viele Juden wie Nichtjuden eingezogen worden. Viele Juden meldeten sich freiwillig zum Kriegseinsatz. Von 550 000 deutschen Juden standen 80 000 an der Front, 12 000 kamen im Feld um.

Die Mainzer Reilings spenden für die vielen jüdischen und nichtjüdischen Hilfsorganisationen, die die Not der Kriegsopfer lindern sollen. 1916 wird vor dem Mainzer Dom eine große Säule als Kriegswahrzeichen errichtet, und die Bewohner können Nägel im Wert von 20 Reichsmark erwerben. Noch heute findet der Betrachter dort die Namen Hedwig, Isidor und Netty Reiling. Netty arbeitet wie viele ihrer Klassenkameradinnen im Kriegskindergarten. »Bei der Arbeit mit den Kleinen betätigte sich häufig eine zierliche, einfach-vornehm gekleidete Helferin. Sie war bescheiden, ruhig, ja zurückhaltend, hatte sich niemand besonders angeschlossen, war aber immer freundlich und verstand es hervorragend, die Kleinsten zu fesseln. Mit Erzählen oder Vorlesen zog sie das unruhige Völkchen stets in ihren Bann. Das war Netty Reiling …«[85] Wie in den Kriegsjahren vielfach üblich, korrespondiert sie mit ihr unbekannten Soldaten.

Erlebnisse und Erfahrungen in den Jugendtagen prägen unser Bewusstsein. Netty Reilings geistige Entdeckung ihrer außerfamiliären Umwelt fällt in die Kriegsjahre. Der Zusammenbruch der wilhelminischen Gesellschaft, die wachsende Not der Bevölkerung in der Heimat und das Drama an den Fronten brennen sich ihr ein. So formen der Krieg und seine Folgen ihr Bild von der Welt nicht weniger als ihre bürgerliche Herkunft. Wenn sie sich später dazu äußert, sind ihre Angaben nicht immer präzise und von dem späteren Wissen um die politischen Entwicklungen in Europa beeinflusst. Aber richtig ist, dass ihr Weg zum Kommunismus und ihr lebenslanges Eintreten für soziale Gerechtigkeit in diesen Jahren ihre Wurzeln besitzen. 1967 erzählt sie einem Interviewer, wie sie als 17-Jährige die soziale Wirklichkeit in den Mainzer Weltkriegsjahren entdeckt: »Ich sah jetzt mit wachen Augen, daß es Menschen gab, die schlechter als andere gekleidet waren, daß es Menschen mit schlechten Schuhen gab. Ich scheute mich, bessere Schuhe zu tragen als diese. Ich sah mit erschrockenen Augen, wie man durch die Stadt einen Gefesselten führte, einen Menschen, der gegen weiß der Teufel was revoltiert hatte. Ich wußte ja nicht, warum er von Polizisten durch die Stadt geführt wurde. Ich kann mich aber noch sehr gut an seinen Tonfall erinnern: ›Ihr könnt mich wegschleppen, ihr könnt mich fesseln, aber stoßen lasse ich mich nicht‹, oder wie man in meiner Muttersprache sagt: ›Stumpe lass ich mich nicht!‹«[86]

Im Herbst 1917 erlebt St. Petersburg ein Weltereignis. Die Revolution der Bolschewiken führt nicht nur zum Sturz des Zaren und der russischen Monarchie, sondern sie wird auch die Geschichte des 20. Jahrhunderts insgesamt tiefgreifend beeinflussen. »… ich würde lügen, wenn ich behaupten würde, die Oktoberrevolution hätte sofort auf mein Wissen und Denken usw. eingewirkt«, meint Anna Seghers 1967. »Es hat eine Weile gedauert bis das Ereignis in verschiedenen Gerüchten, Botschaften und Zungen, wie man so sagt, bis zu mir hinkam. Aber sehr schnell habe ich darüber nachgedacht, und sehr schnell war dieses Ereignis für mich verbunden mit einem neuen Begriff, ja, sagen wir es doch ganz einfach, mit einem neuen, starken, unerhörten Begriff von Gerechtigkeit.«[87] In einem anderen Altersinterview heißt es: »Was die Oktoberrevolution bedeutet hat, erfuhr ich langsam, indirekt. Aber sie schärfte mein Gefühl für Gerechtigkeit und Ungerechtigkeit. Ich fing an nachzudenken. Ich empfand den Unterschied zwischen reich und arm.«[88]

## 5. KAPITEL

# »Sommer draußen.
## Freude auf Hochzeit«

Ostern 1920 macht Netty Reiling ihr Abitur. Es beginnt die Zeit des Aufbruchs in eine unsichere Zukunft, und es endet ihre Kindheit und Jugend im Mainzer Elternhaus. Der Krieg und viele bürgerliche Illusionen sind inzwischen verloren gegangen. In Mainz regieren die französischen Besatzer. »Sie sind streng hier mit uns, wenn ich auch persönlich nicht klagen kann«, schreibt Hedwig Reiling im Dezember 1918 über die neuen Herren. »Das Gefühl in einer Mausefalle zu sitzen, die Fremden gleich Heuschrecken wusseln zu sehen, das um 8 Uhr zu Hause sein müssen, die Telefons weggeschnitten zu bekommen, all das wirkt wie ein Druck, um so mehr, weil man nicht weiß, was der nächste Tag bringt. Meine Einquartierung ist sehr anständig, von all meinen Bekannten besitzen nur wir noch unser Telefon also ich halte aus und durch ...«[89] Im Januar 1919 endet in Berlin der leichtfertige und aussichtslose Aufstand der Spartakuskommunisten mit den brutalen Morden an Rosa Luxemburg und Karl Liebknecht. Die Freikorps, vom sozialdemokratischen Volksbeauftragten Gustav Noske in Marsch gesetzt, wüten unter den besiegten Aufständischen. Nicht nur in Berlin, sondern bald auch in München, in Sachsen und in Thüringen. Die Sozialdemokraten beginnen in der jungen Republik schon wieder ihre politische Vorrangposition der ersten nationalen Nachkriegswahlen einzubüßen, und die Bevölkerung debattiert leiden-schaftlich die von einer großen Mehrheit als demüti-gend empfundenen Pariser Friedensverträge.

Netty Reiling, hübsch, schüchtern und voller ju-gendlich-emotionaler Erwartungen, findet die neuen Zeiten aufregend und »liest anstatt die Frankfurter ›Le Matin‹«.[90] Nach dem Schulabschluss wählt sie Heidel-berg als Studienort: Weg von den Eltern und doch noch in heimatlichem Umfeld. »Ich wollte überhaupt nur studieren, weil ich fürchterliche Angst hatte, in dem Nest Mainz hängenzubleiben.«[91] Diese im Alter ge-machte Bemerkung ist sicher nicht ohne kokette Über-treibung. Aber 1920 ist die Welt in Deutschland aus den Fugen geraten. Die jungen Menschen blicken mit Skep-sis auf die Generation der Eltern, die das Land in einen verheerenden und am Ende verlorenen Krieg gestürzt hat. Alles Bürgerliche ist ihnen verdächtig geworden. Auflehnung gegen das »Spießertum« der Erwachse-nen beherrscht die Diskussionen in den Hörsälen und beim jugendbewegten »Wandervogel«. »Anna Seghers hat dem Wandervogel sehr nahegestanden, dem meh-rere ihrer Freundinnen und Mitschülerinnen selbst an-gehörten.«[92] Aber sie bricht nicht mit Familie und Geburtsort. Die Wahl des Studienfaches – Kunstge-schichte – ist ohne den Einfluss des Elternhauses gar nicht denkbar. Der Vater zahlt das Studium, und der Weg von Heidelberg nach Mainz ist nicht weit. Zu ei-ner wirklichen Gefährdung des Zusammenhalts der Fa-milie Reiling kommt es erst etwas später, als ein Mann in das Leben der jungen Studentin tritt.

Netty ist begeistert von den Vorlesungen und Semi-naren, die sie besucht. »Mein Studium interessierte mich

so sehr, daß es mich ganz absorbierte.«[93] Als Neben-
fächer belegt sie Geschichte und Sinologie. »Ich war
der irrigen Ansicht, ich könnte schnell lernen, Texte auf
alten chinesischen Bildwerken zu entziffern. So naiv
war ich. Nach und nach begann ich mich für chinesische Geschichte zu interessieren, auch für chinesische
Kunst. Allmählich fand ich überhaupt Interesse an ost-
asiatischer Kunst.«[94] Heidelberg bedeutet Freiheit vom
bürgerlichen Elternhaus und der Enge, die Jugendliche
in dieser Lebensphase zu allen Zeiten mit Blick auf ihr
heimatliches Umfeld empfinden. Neue Menschen er-
warten sie und neue Blicke in die Welt des Geistes und
der Kunst. Die Bilder aus den Studentenjahren zeigen
eine ernsthafte junge Dame, die – gekleidet mit einem
lang fallenden weiten und dunklen Mantel – nachdenk-
lich und ein wenig verschlossen in die Kamera schaut,
aber auch ein verspieltes junges Mädchen, das sich gerne
in chinesischen Kostümen fotografieren lässt. Die langen Zöpfe sind verschwunden, aber die Puppen und
Stofftiere aus der Mainzer Kindheit finden auch in der
Studentenbude wieder einen prominenten Platz. Carl
Zuckmayer, der 1920 ebenfalls in Heidelberg studiert
und für kurze Zeit mit einer Schulkameradin von Netty
verheiratet ist, zeichnet Jahrzehnte später ein liebevol-
les und wohl treffendes Porträt der jungen Studentin:
»Sie selbst war damals sehr still, von freundlicher Zurückhaltung, fast schüchtern und – wie läßt sich das
sagen – in einer ganz unkonventionellen Weise ›hübsch
und schön‹ (so sagt es Thomas Mann von dem jungen
Joseph). Die Augen, achatbraun, verbargen ihre Klug-
heit hinter einem immer etwas kindlich-erstaunt wirkenden, manchmal auch etwas schläfrigen Ausdruck.

*Netty Reiling mit ostasiatischem Kostüm*

›Sie hat die Grazie einer javanischen Tempeltänzerin‹, sagte Fraenger (Hochschullehrer in Heidelberg – WS), ›welche sich ausruht.‹ Vielleicht ruhte sie sich damals wirklich aus – für strengeres Beginnen.«[95]

In den frühen Weimarer Jahren ist die Heidelberger Universität eine Hochburg der jungen deutschen Demokratie und der Wissenschaft. Berühmte Gelehrte wie der Philosoph Karl Jaspers, der Politiker und Jurist Gustav Radbruch, der Nationalökonom Alfred Weber, der Theologe Ernst Troeltsch oder der Mathematiker Emil Gumbel begründen ihren Ruhm. Bald radikalisiert sich allerdings das Klima in Heidelberg. 1932 wird dem deutsch-jüdischen Pazifisten Emil Gumbel aus politischen Gründen die Lehrerlaubnis entzogen. Er hatte in einer exakten Statistik die von der deutschen Justiz verharmlosten Verbrechen der Rechtsradikalen aufgelistet und veröffentlicht, was zu einem Massenprotest der Studentenschaft und des Heidelberger Lehrkörpers führte. Nach Hitlers Machtergreifung entwickelt sich die Ruprecht-Karls-Universität zu einer vom Nationalsozialismus besonders stark geprägten Hochschule.

In den frühen Zwanzigerjahren aber zieht die liberale Haltung eines großen Teiles des Lehrkörpers viele junge Emigranten aus verschiedenen europäischen Staaten in die idyllische Stadt am Neckar. Darunter auch eine Gruppe ungarischer Sozialisten. Sie sind Anhänger der von Béla Kun geführten und nur wenige Monate dauernden Räterepublik. Nach dem Sturz der kommunistischen Regierung fliehen sie vor dem »Weißen Terror« des Horthy-Regimes ins Ausland. Einige von ihnen gehörten zu einem Kreis von Intellektuellen und Künstlern, die der ungarische Dichter Béla Balázs seit 1915 in

Budapest um sich versammelt hatte. Zu diesem »Sonntagskreis« – »einer Gruppe, die sich regelmäßig traf, um unter der Leitung von einigen Älteren wie Georg Lukács über Ethik, Religion, Philosophie oder Politik zu diskutieren«[96] – zählt auch der bald in Heidelberg lehrende Soziologe Karl Mannheim.

Ein junger, gutaussehender Student aus dieser Gruppe betritt im Oktober 1920 die Heidelberger Szene. Es ist Laszlo (Ladislaus) Radvanyi, der Mann, der bald eine entscheidende Rolle im Leben der Netty Reiling einnehmen wird. Intelligent, politisch gebildet, im Koffer einen in Ungarn erschienenen Gedichtband, ist Rodi, so der Kosename im Familienkreis, überzeugter Sozialist. Im Gegensatz zu Anna Seghers beruht seine politische Haltung auf einem intensiven theoretischen Studium der marxistischen und sozialistischen Literatur. Von der jüdischen Religion hat sich der damals Zwanzigjährige schon weitgehend gelöst, seine Promotion beschäftigt sich mit dem Chiliasmus, einer ursprünglich aus vorchristlichen Zeiten stammenden Lehre, die auch bei den Anhängern des Reformators und Frühsozialisten Thomas Münzer einen großen Widerhall gefunden hatte. Die Chiliasten glauben, dass Christus vor dem Ende der Welt mit den »auferweckten Gerechten« ein Tausendjähriges Reich errichten wird, in dem Gerechtigkeit und Frieden herrschen. Radvanyi setzt sich in seiner von dem sieben Jahre älteren Freund Karl Mannheim angeregten und von Karl Jaspers mit »summa cum laude« bewerteten Dissertation vor allem mit dem historisch-ideologischen Hintergrund des Chiliasmus auseinander. Die Bezüge zu der von sozialen Kämpfen bestimmten Gegenwart sind für den Doktoranden dabei ein wichtiges Motiv. »Auch im Bolschewismus handelt es sich um den Angriff einer wahrheitsbewußten Minderheit auf die empirische Welt«, heißt es da beispielsweise, »um die Verwirklichung ihrer Postulate in ihr mit Gewalt zu erzwingen.«[97]

Rodi wird für Netty zum wohl wichtigsten politischen Mentor ihres Lebens. Ihre Entscheidung, sich zum Kommunismus zu bekennen, Parteimitglied zu werden und bis zu ihrem Tod allen realen Widersprüchen zum Trotz auch der DDR die Treue zu halten, ist nicht allein auf Rodis Einfluss zurückzuführen. Dafür ist Anna Seghers Gerechtigkeitsempfinden und ihr Blick für die sozialen Verhältnisse in den Weimarer Jahren zu eigenständig und lebensbestimmend. Aber der geliebte und auch geistig einschränkungslos geachtete Ehemann hat sie in ihrer Haltung mit Sicherheit bestärkt und manche Zweifel am realexistierenden Sozialismus und seinen moralischen Irritationen zerstreut.

Laszlo Radvanyi ist ein scharfer Analytiker und begeisterter Lehrer. Nach dem Studium wird er in Berlin Leiter der Marxistischen Arbeiterschule (MASCH), und in Mexiko und dann später in der DDR wirkt er als Hochschulprofessor. Unter dem Parteinamen Johann-Lorenz Schmidt veröffentlicht er mehrere soziologische Bücher. Im Exil bleibt Rodi Radvanyi trotz der stalinistischen Schauprozesse und des Hitler-Stalin-Paktes Anhänger der kommunistischen Internationale. In Mexiko wird er bis 1952 für den sowjetischen Geheimdienst arbeiten. In der DDR lehrt er, was die offizielle Linie vorgibt. Ob er ein dogmatischer Kommunist gewesen ist, wissen wir nicht. Seine öffentlichen Äußerungen aber sind unübersehbar von einem ideologisch bestimmten

Denken geprägt. »Roddy (sic!) hatte etwas vom Kons-
pirativen der Illegalität an sich«, schreibt die mit dem
Ehepaar Radvanyi jahrzehntelang befreundete Schauspielerin Steffie Spira in ihren Erinnerungen. »Immer
schleppte er sich mit entsetzlich großen, schweren Le-
dertaschen, in denen man durchaus geheimes Material
vermuten konnte. In den Diskussionen unserer Grup-
pen – ob in Paris oder Mexiko – habe ich ihn nur ganz
selten sprechen gehört.«[98] Das Unrecht und die antide-
mokratische Unterdrückungsstrategie der DDR-Poli-
tik hat der überzeugte Kommunist offensichtlich nicht
sehen wollen, so wie er schon vorher die Augen ver-
schloss vor dem stalinistischen Terror der Dreißiger-
und Vierzigerjahre.

Netty hat Rodi geliebt. Später wird sie kaum ein Manuskript zum Druck geben, das er nicht vorher gelesen
und auch – soweit erkennbar mehr im literarischen und
kompositorischen als im ideologischen Sinn – mit Kor-
rekturen versehen hat. Im Familienleben übernimmt sie
trotz ihrer so großen künstlerischen Arbeitsbelastung
ohne Widerspruch die Rolle der Hausfrau und der liebevollen und immer besorgten Mutter. Folgt man den
Erinnerungen des Sohnes Peter (Pierre), so lag die Erziehung der beiden Kinder und die Sorge für den Haushalt nahezu ganz auf ihren Schultern. Das zeigt sich
dann vor allem in den harten Jahren des Exils, besonders in den Monaten der Flucht durch Frankreich und
während der dramatischen Schiffsreise nach Mexiko,
wo es die Mutter und Ehefrau ist, die die Familie durch
diese schwere, teilweise lebensgefährliche Zeit bringt.
»Immer, in allen wirren Lebenssituationen, hat Anna
versucht, das Leben ihrer Kinder in ein Mindestmaß

von Ordnung zu bringen«, meint auch Steffie Spira. »Selbst während dieser kurzen Etappe in Pamiers (im Winter 1941/42 Fluchtort der Familie in Südfrankreich – WS) wurden die Kinder in die Schule geschickt, während des Aufenthaltes in Santo Domingo wurde ihnen Unterricht erteilt. Überall hat Anna ein Zuhause errichtet, sei es auch nur mit einem Tischtuch und ein paar Servietten, die, wenn möglich, aus Leinen waren.«[99] Rodi geht in seiner Arbeit auf, lebt in der Welt der Bücher und Theoriedebatten. Sie hat das nicht nur akzeptiert, sondern sein Wissen und seine Arbeit bewundert.

Ansonsten wissen wir wenig über diese Ehe. Als Anna Seghers 1947 nach Deutschland zurückkehrt, bleibt Rodi noch für einige Jahre in Mexiko. Er schätzt die Arbeit an der dortigen Universität, und möglicherweise halten ihn Anweisungen aus Moskau in Mexiko-City fest. Aber es gibt da auch eine Geliebte, die dann 1952 sogar mit ihm nach Ostberlin kommen wird. Anna Seghers bleibt in diesen für sie schwierigen privaten Jahren der liebende und der souveräne Partner. Vielleicht ist sie in diesen Fragen nicht unbeeinflusst geblieben von den Thesen und Büchern der russischen Schriftstellerin Alexandra Kollontai, die sie sehr geschätzt hat und der sie in Mexiko und in Skandinavien persönlich begegnet ist. Die Kollontai war eine außergewöhnliche Frau – Adelstochter, Revolutionärin und Botschafterin des Sowjetstaates in verschiedenen Ländern –, die sich in ihren damals unter dem Titel »Wege der Liebe« veröffentlichten und viel beachteten Erzählungen sowie in ihren Artikeln für eine freie und offene Lebensgemeinschaft der Geschlechter einsetzt: »Der legalen Ehe liegen zwei gleichermaßen lügenhafte Prin-

*Anna Seghers und Laszlo Radvanyi um 1925*

zipien zugrunde: die Unlösbarkeit auf der einen Seite und die Vorstellung des Besitzes, der unteilbaren Zugehörigkeit des einen Gatten zum anderen ...«[100]

Anna Seghers hat jedoch unter dem Alleinsein im Berlin der Nachkriegszeit sehr gelitten. Trotz ihrer Zurückhaltung in privaten Fragen, lassen viele Briefäußerungen die große Einsamkeit ahnen, die sie verspürt. Der geliebte Mann und so wichtige Berater über Tausende von Kilometern entfernt, die Kinder als Studenten in Paris. Dazu die dramatischen und sie als berühmte Autorin zu Entscheidungen herausfordernden Entwicklungen im geteilten Deutschland. »Der Rodi wollte laengst hier sein«, teilt sie Bruno Frei im Oktober 1947 mit, »hat aber gerade einige Reiseschwierigkeiten. Ich fuehle jetzt sehr, wie verwoehnt ich war durch seinen Rat und Beistand bei meiner Arbeit ...«[101] Der geliebte Mann stirbt 1978.

Es ist in diesem Zusammenhang nicht ohne Belang, dass in ihren Romanen und Erzählungen die Sexualität nur eine untergeordnete Rolle spielt. Sie wird als nicht zu verdrängender Teil des menschlichen Lebens behandelt, aber die körperliche Leidenschaft, das triebhaft sinnliche Sich-Verlieren ihrer Figuren steht – so muss es dem Leser in vielen ihrer Bücher erscheinen – hinter der Forderung nach Treue und einer jenseits des Körperlichen angesiedelten Liebe zurück. Treue und die Menschenliebe im Allgemeinen bilden für diese Autorin wichtige Grundlagen der Humanität und des gesellschaftlichen Zusammenlebens. Im Frühwerk ist noch die Sehnsucht der jungen Mädchen nach erfüllender Erotik und der dunkle sexuelle Trieb der männlichen Protagonisten zu spüren. Unübersehbar steht in diesen

Geschichten Sigmund Freuds Entdeckung des Unbe-
wussten Pate. Aber das weicht dann in den späteren
Romanen und Erzählungen dem Wunsch, eine Partner-
schaft müsse sich vor allem in der Sache finden und in
der Treue zur Idee. Man muss dies nicht unbedingt
autobiografisch deuten, aber es gehört zweifellos zum
Credo der Schriftstellerin Anna Seghers. »Ich, ich bin
für ihn die Gefährtin im religiösen Sinn, werde es immer sein«, heißt es mit Blick auf Rodi 1925 im Tagebuch. »Es ist sinnlos von mir, unser Verhältnis anders
umzuphantasieren. Es ist keine Stätte der erotischen
Phantasie. Diesen Eros, den Gott mir gab, u den ich
leben muß, soll ich sicher in der Kunst leben.«[102] Das
schreibt die junge Netty Reiling in Monaten großer
Verzweiflung und in der Zeit ihres Ringens mit dem
Vater um die Anerkennung ihrer Bindung zu Laszlo
Radvanyi. Aber diese Sätze lassen doch auch etwas von
der Enttäuschung des Eros ahnen, die manche weib-
liche Protagonistin in Anna Seghers' Romanen und
Erzählungen verspürt. Im Alter wird sie einmal dem
Freund und Vertrauten Jorge Amado – er hatte ihr seinen neuen Roman »Viva Terasa« zugesandt – schreiben:
»Natürlich habe ich weder in meiner Jugend noch in
meinem Alter geglaubt, dass die sexuellen Dinge eine
solche Rolle spielen. Ich habe immer geglaubt, wenn sie
eine solche Rolle spielen, dann, weil sie verbunden sind
mit Dingen, die nicht körperlich sind, überhaupt nicht
sexuell.«[103]

Der Anfang der über ein halbes Jahrhundert währen-
den Gemeinschaft mit Rodi ist für Netty aber die Entdeckung der Liebe und natürlich auch der Erotik. Sie
begegnen sich zum ersten Mal im Heidelberger Hör-

saal. »In einer Vorlesung, die sie beide während des Wintersemesters 1920/21 besuchten, hatte meine Mutter nichts zu schreiben bei sich. Mein Vater, der in ihrer Nähe saß, brach seinen Bleistift entzwei und gab ihr eine Hälfte.«[104] Gemeinsame Ausflüge und Wanderungen, Diskussionen über den Weltenlauf und die Entwicklungen in Deutschland, Gedanken über die Doktorarbeiten, die sie beide planen und dann schreiben: »Tschibi« (auf ungarisch »Küken«) liebt und wird geliebt. Sie geht dann für ein Semester als Praktikantin an das Ostasieninstitut nach Köln, er verlässt ebenfalls für einige Zeit Heidelberg, aber die Beziehung bleibt bestehen. »Du bist meine Seele, Tschib, und mein einziges warmes Leben«, schreibt ihr Rodi im April 1925 in ihr Tagebuch. »Ohne Dich hätte ich keine Freude, und mit Dir habe ich Freude für ewig. Das ist wahr und wird immer wahr sein, mein Kind.«[105]

Die Liebe der zwei jungen Menschen gewinnt in der Zeit des Kennenlernens allerdings unerfreuliche innerfamiliäre Züge. Am 17. Januar 1925, Netty lebt nach ihrer erfolgreichen Promotion für einige Monate wieder im Mainzer Elternhaus, notiert sie in ihrem Tagebuch: »Zukunftsangst, Angst um Rod(i), um Arbeit, die Verblendung meines Vaters.«[106] Oder am 29. Januar: »Meine Mutter, warum liebt sie meine Welt nicht genug?«[107] Sechs Wochen später: »Das Schrecklichste der Welt sind blinde Eltern. ... Seit 2 Monaten Rodi nicht gesehen. Alles ist ja gut, wenn wir jetzt wirklich zusammenkommen, alles schwankt, wenn etwas dazwischen kommt. Hilf Gott!«[108] Isidor Reiling stemmt sich gegen die von der Tochter erhoffte Bindung. Der mittellose, unbürgerlich auftretende und offenbar dem jüdischen

Glauben inzwischen fernstehende Auserwählte passt dem Vater nicht. In diesen Monaten wird ihm schmerzhaft deutlich, dass die Tochter andere Wege, als die von ihm gedachten, gehen will. Er muss seine Hoffnung, dass das einzige Kind eines Tages die Geschäftsnachfolge antritt, endgültig begraben. Netty ist vom intellektuellen Heidelberger Kreis, in dem sie lebt, von den politisch-geistigen Diskussionen, mit denen sie dort konfrontiert wird, fasziniert. »Ich war beim Studium bald bekannt geworden mit Emigranten, die nach der blutigen Reaktion und Verfolgung in ihren Ländern das Studium in Deutschland beendeten. Sie öffneten mir die Augen für viele politische Vorgänge, für den Klassenkampf.«[109] Das ist nicht die Welt des Kaufmannsstandes und des bürgerlichen Statusdenkens. Im neuen Heidelberger Freundeskreis findet die höhere Tochter eine Mischung aus Bohemeleben und Auflehnung, jugendlicher Utopie und politischer Radikalität. Sie bleibt von den damals aufgenommenen Ideen und politischen Ideologien bis zu ihrem Tode beeindruckt. »In dieser Zeit wurde ich erst politisch bewußt.«[110]

»Ja, am 4. war Verlobung«, hält das Tagebuch am 4. Mai 1925 endlich fest. Wenig später: »Sommer draußen. Freude auf Hochzeit ... Im Ganzen etwas mehr Glaube u Hoffnung.«[111] Der Vater hat sich dem Unabänderlichen gebeugt und die Wahl Nettys akzeptiert. Das Verhältnis zum neuen Schwiegersohn bleibt nach wie vor kühl, aber Isidor Reiling unterstützt die jungen Leute trotzdem finanziell, wenn sie dann fern vom Elternhaus leben. Allerdings dringt er darauf, dass ein Ehevertrag unterschrieben wird, der Vermögen und Erbe Nettys vor dem Zugriff des als wenig solide geltenden Schwiegersohnes schützen soll. Wohl eine Bedingung, die der vorsichtige Geschäftsmann Isidor an seine Zustimmung geknüpft hat. Als bald zwei Enkelkinder geboren werden und die Zeiten der Bedrängnis immer näher zu rücken beginnen, werden die Bande zur Mainzer Familie dann jedoch wieder eng.

Eine zweite Begegnung in Heidelberg wird für Netty Reilings Entwicklung ebenfalls eine herausragende Bedeutung gewinnen. Sie trifft dort den sechs Jahre älteren und in Petersburg geborenen Beamtensohn Philipp Schaeffer. Der junge Mann studiert Orientalistik und promoviert 1924 mit einer tibetologischen Arbeit. Schaeffer ist nicht nur mit Netty, sondern auch mit Rodi eng befreundet. Gemeinsame Unternehmungen und Ausflüge, Politik und das Interesse an der Welt Asiens, besonders Chinas, verbinden die drei Heidelberger Studenten. Mit Hilfe Schaeffers wird Netty die Schriften und Gedanken von Laotse und Konfuzius kennen- und schätzen lernen. »Ich höre den baltischen Tonfall seiner Stimme, wenn er, halb sich selbst, halb für mich, aus einem chinesischen Text zitierte. … So ausgehungert war Schaeffer, daß ich ihn zu meinen Eltern schickte, um ihn herauszufuttern. Abends in ihrer Wohnung erzählte er ihnen hundert Geschichten von seinen Reisen und seinen Berufen. Auch Schiffsjunge war er gewesen. Einmal kam das Hausmädchen schreiend gerannt. ›Er ist über und über tätowiert!‹. … Sorglos, offenherzig waren wir damals. Wie waren wir bereit, uns zu freuen! Wir fanden immer etwas zum Freuen, trotz der bedrohlichen Zeit, trotz aller Bedrängungen.«[112] Diese Zeilen schreibt Anna Seghers nach dem Zweiten Weltkrieg. Es sind Erinnerungen an einen

Freund, der als Kommunist gegen das Hitler-Regime gekämpft hat. Fünf Jahre sitzt er im Zuchthaus. Nach seiner Entlassung schließt er sich der im Umkreis der kommunistischen »Rote Kapelle« entstandenen Widerstandsgruppe Schulze-Boysen-Harnack an. Im Februar 1943 wird Philipp Schaeffer wegen Hochverrats zum Tode verurteilt und am 12. Mai 1943 im Gefängnis Berlin-Plötzensee enthauptet. Anna Seghers erfährt davon erst nach ihrer Rückkehr aus dem Exil, und wie die Ermordung der Mutter ist auch der gewaltsame Tod des Jugendfreundes eine mit Blick auf Deutschland nie heilende Wunde für sie. Ein Bild Schaeffers hängt bis zu ihrem Tod in ihrer Wohnung in Berlin-Adlershof. Die Melancholie, die sie nach ihrer Heimkehr nie ganz verlieren wird, hat auch in diesem Verlust seine tieferen Wurzeln.

Das Studium beendet Netty mit einer Doktorarbeit zum Thema *Jude und Judentum im Werke Rembrandts*. Die junge Kunststudentin untersucht den Einfluss, den das reale Judentum, dem Rembrandt in seiner Amsterdamer Umwelt begegnete, auf seine Bilder gehabt hat. Das Viertel, in dem der Maler lebte und arbeitete, war von zahlreichen Juden bewohnt. Aber sie gehörten zum wohlhabenden Teil der jüdischen Gemeinde Amsterdams, waren Nachkommen der im 16. Jahrhundert aus Spanien und Portugal vertriebenen, kulturell hochstehenden jüdischen Kaufleute und Gelehrten. »Wenn Rembrandt sein Haus besuchte, so ist er damit an das Zentrum der sephardischen Gesellschaft Amsterdams herangekommen.«[113] Die Figuren, die in Rembrandts frühen Darstellungen zur biblischen Geschichte auftreten, weisen nach Ansicht der Doktorandin daher noch keine typisch jüdischen Züge auf. Erst in späteren Lebensabschnitten wird der Maler mit den teilweise bettelarmen Juden konfrontiert, die 1640 vor den Kosakenaufständen in Polen über die Ostsee fliehen und in großer Zahl eine neue Bleibe in Amsterdam finden. Sie fallen durch ihr Auftreten, ihre Kleidung und ihre Sprache in der calvinistischen Kaufmanns- und Hafenstadt auf, unterscheiden sich auch von ihren sephardischen Glaubensgenossen. »Von den Sephardim werden sie als Proletarier verachtet und verachten ihrerseits wieder die Sephardim als in ihrem Sinn ungebildete Halbjuden.«[114] Diese Begegnung mit den ostjüdischen Einwanderern spiegelt sich dann, so Nettys Schlussfolgerung, auch in den späteren Porträts und Bildszenen Rembrandts wider. »Das Judentum beginnt in Rembrandts Augen eine andere Gestalt anzunehmen, nicht mehr die des abstrakten orientalischen, idealisierten Judentums; sondern wie in der Porträtstudie das Festhalten des spezifisch jüdischen Ausdrucks das Bezeichnende geworden ist, so gestaltet Rembrandt in seinem religiösen Stoff ein überwirkliches Judentum, in welchem wie in den Christusdarstellungen von 1656/58 Jüdisch-Volksmäßiges seinen endgültigen Ausdruck gefunden hat.«[115]

Eine gelungene Arbeit ist es geworden. Sie zeigt nicht nur Nettys Verbundenheit mit jüdischen Themen, sondern auch ihren genauen und sich nicht in wissenschaftlichen Abstraktionen verlierenden Blick für das Werk des Meisters, dem sie ihre Dissertation gewidmet hat. Nicht von ungefähr im Übrigen, dass sich die Tochter Isidor Reilings zum Studienabschluss mit einem der Großen der niederländischen Malerei beschäftigt.

Noch ein bemerkenswertes Ereignis fällt in die Zeit ihrer Doktorarbeit. In der Weihnachts-Sondernummer der »Frankfurter Zeitung« von 1924 erscheint die Erzählung *»Die Toten auf der Insel Djal. Eine Sage aus dem Holländischen erzählt von Antje Seghers«*. Als sie sich später in einem Interview über ihre Erstveröffentlichung äußert, kommt sie auch auf den Namen Seghers zu sprechen: »Diese Erzählung hatte ich als eine Geschichte aus meiner Familie angelegt; ich schrieb darum auch in der ersten Person. Weil ich der Figur einen Namen geben mußte, der holländisch klingen sollte, kam mir der Name Seghers in den Sinn, er gefiel mir. Und da lag es nahe, daß ich mich als erzählende Nachfahre dieses Mannes ebenfalls Seghers nannte.«[116]

Die Spur führt zu Hercules Seghers, einem Zeichner und Maler der Rembrandtzeit. Seinem Werk ist Netty zweifellos während ihrer Beschäftigung mit Rembrandt und der niederländischen Malerei begegnet. Zumal 1922, also während ihrer Heidelberger Zeit, einer ihre Lehrer – der renommierte Kunsthistoriker Wilhelm Fraenger – eine Studie über »Die Radierungen des Hercules Seghers« vorlegt. »Sie kannte das Schicksal dieses Hochbegabten«, konstatiert die Schriftstellerin Christa Wolf fast ein halbes Jahrhundert später, »der, zu seiner Zeit unverstanden, in Armut, ausgestoßen, noch vor seinem fünfzigsten Lebensjahr zugrunde ging und lange von der Nachwelt vergessen war.«[117] Festzuhalten ist aber vor allem, dass Netty Reiling als Schriftstellerin von Anbeginn an mit einem Pseudonym auftritt. Auch dies ein Hinweis auf ihre biografische Diskretion und darauf, wie ernst es ihr schon im frühesten Augenblick ihrer Künstlerkarriere mit dem Vorsatz ist, die eigene

Person hinter dem Werk zurückstehen zu lassen. Es gilt also: Im Jahre 1924 beginnt die Verwandlung der jüdischen Kunsthändlertochter Netty Reiling in die Schriftstellerin Anna Seghers. Sie bedeutet äußerlich auch den endgültigen Abschied von der heimatlichen Region. Innerlich wird sich Netty nie lösen von Mainz und der Landschaft ihrer Jugend.

## 6. KAPITEL
# »Aber was machen wir denn
# mit dem Mephisto?«

Die Hochzeit findet am 25. August 1925 statt. Die zehn
Monate zwischen dem erfolgreichen Abschluss der Dissertation und der Heirat lebt die Tochter wieder im
Mainzer Elternhaus. Für diesen kurzen Lebensab-
schnitt – genau für die Zeit vom 15. November 1924
bis zum 26. Mai 1925 – haben sich die einzigen Tage-
buchaufzeichnungen gefunden, die wir bisher von
Anna Seghers besitzen. Sie zeigen, dass mit der Rückkehr nach Mainz für die junge Frau eine krisenhafte
Zeit beginnt. Geprägt wird sie vom Kampf um Rodi
und von der Suche nach dem eigenen künstlerischen
Standort. Auch der Doktortitel und die erste literarische Veröffentlichung in der bedeutendsten liberalen
Zeitung der Republik haben die Selbstzweifel und
die Zukunftsängste Nettys nicht zerstreuen können.
»Meine Traumlust schwindet u Wirklichkeitsangst u
Kummer kommt.«[118] – »Ich bin trübe. Keine Nachricht
vom Rodi. Immer gleich Todesangst.«[119] – »Schlechter
einsamer Sonntag. Ich brauche Menschen. Warum nur
so stark?«[120]

In diesen Mainzer Monaten arbeitet Anna Seghers intensiv an mehreren literarischen Texten. Die kleine Erzählung *Jans muß sterben* entsteht. Sie wird erst 17 Jahre
nach ihrem Tod gefunden und veröffentlicht. Von einem Roman ist im Tagebuch die Rede, ohne dass wir
genau wissen, ob es sich hier schon um Vorstufen spä-

terer Werke – *Der Aufstand der Fischer von St. Barbara* oder *Die Gefährten* – handelt. In den Aufzeichnungen spricht sie mehrfach von der Arbeit an einem Manuskript, das sie mit Eintragungen wie »Korrektur am Bischof« oder »Angst um den Bischof«[121] benennt. Es handelt sich um die ebenfalls erst Jahrzehnte nach ihrem Tod aufgefundene Erzählung *Die Legende von der Reue des Bischofs Jehan d'Aigremont von St. Anne in Rouen*. Revolution, Tod und Glaubensauseinandersetzung sind die Stichworte dieser Texte, und sie spiegeln auch die eigenen religiösen Zweifel und Kämpfe der Autorin in diesen Monaten wider. »Gott nimm von mir die schreckliche Angst, die schreckl. Gewissensqualen.«[122] – »Gott, mach daß ich dich sehe. Wenn ich dich sehen würde, gäbe es keine Furcht mehr.«[123] – »Freudlos und einsam und Gott weit weg.«[124] Passion und Erlösung erweisen sich mit Blick auf das literarische Frühwerk nicht von ungefähr als zentrale Begriffe ihres Erzählens. Im weitesten, also nicht nur religiös gedeuteten Sinn besitzen sie auch für ihre politischen »Glaubensideen« eine entscheidende Bedeutung.

Trotz all dieser Zweifel fällt in diese Mainzer Monate die endgültige Entscheidung, Schriftstellerin zu werden. Der letzte Satz im Tagebuch lautet: »Ich arbeite an *Jans muß sterben*.«[125] Aber auch das künstlerische Erwachen wird begleitet von selbstquälerischen Vorwürfen. »Ich bin mit mir unzufrieden. In allem was ich tue u. schreibe, ist eine vergiftende, falsche Traurigkeit.«[126] – »Angst, daß mich mein. Begabung verlassen könnte – aber nur selten.«[127] – »Verwirrt, wenig gearbeitet. Furcht vor dem Gelingen. Bin ich überhaupt so heiß u rein, daß es gelingen kann?«[128] – »Bischof macht Sorgen.

Schreibe nicht mehr unbefangen. Habe die Gnade nicht mehr??«[129] – »Ob der Bischof etwas wird, ob die Stelle wird, ob aller Glanz weg geht, ob die Zukunft zerbricht, daß ich schwach, elend, gering, untauglich zum Gutsein, Leben u Schreiben bin. Hilf!«[130]

Nie mehr werden wir später von Anna Seghers so schonungslos offene Selbstbekenntnisse lesen können wie auf diesen wenigen Tagebuchseiten. »Gott und Sünde nehmen im Tagebuch einen wichtigen Platz ein und sind für Netty Reiling keine leeren Floskeln. Sie ist religiös und will glauben – an eine Mischung aus jüdischem und Kierkegaardschem Gott.«[131]

Auseinandersetzungen mit den Eltern, Reisen nach Scheveningen (»Das Meer gewährt mir keinen Trost«[132]), Paris, Köln und Berlin, Besuche der Frankfurter Verwandten und Aufenthalte im von der Familie geliebten Taunusstädtchen Königstein füllen neben der literarischen Arbeit die Tage. Sie trifft die Mainzer Freundinnen und neugewonnene Heidelberger Freunde, nimmt Russischunterricht und sehnt sich nach Rodi. Als dieser den Vater in Berlin trifft, schreibt sie besorgt: »Wenn du meinen Vater siehst, so sei lieb u gut mit ihm, daß er freudig heimkommt. Vermeide zu sprechen was ihm zuwider ist – es ist ja auch nutzlos.«[133]

Äußerlich ist es das Leben einer gebildeten Tochter aus dem gutsituierten städtischen Bürgertum. Von ihren inneren Qualen und Zweifeln ahnt wohl nur der Geliebte. Dieser wiederum übernimmt eine ihn langweilige Arbeit bei der Sowjetischen Handelsgesellschaft in Berlin und tritt 1924 in die Kommunistische Partei (KPD) ein. Netty verfolgt die politischen Ereignisse in Deutschland aufmerksam, auch wenn sie auf den Tagebuchseiten kaum einen Niederschlag finden. »Ebert gestorben. Traurig«[134], lautet am 28. Februar 1925 eine der ganz wenigen Eintragungen zur Politik. Eine Notiz, die immerhin zeigt, dass Anna Seghers damals noch keineswegs allein bei den Kommunisten ihre Heimat gesehen hat.

Kurz nach der Hochzeit geht das junge Paar nach Berlin. Die laute, von sozialen und politischen Gegensätzen geprägte Hauptstadt der Republik zieht in der zweiten Hälfte der zwanziger Jahre zahlreiche Intellektuelle an. Aus allen Ecken des Landes eilen sie an die Spree, versuchen ihr Glück, werden nach einer gelungenen Premiere, einem in wenigen Wochen zum Bestseller aufgestiegenen Buch, einer von den wankelmütigen Kritikern hochgelobten Ausstellung zu gefeierten Salonbesuchern. Den Autoren Bertolt Brecht, Heinrich Mann oder Lion Feuchtwanger, die von München nach Berlin kommen, wird der Ruhm treu bleiben. Brecht steigt in der Hauptstadt zum jungen Star der Theaterszene auf und feiert 1928 im Theater am Schiffbauerdamm mit seiner »Dreigroschenoper« einen Publikumstriumph. Andere verschwinden rasch wieder in der Anonymität einer Kulturszene, bei der die Sensation oft mehr gilt als die Kunst.

Die Radvanyis leben nicht in der Welt der künstlerischen Boheme, die sich, vom Berliner Großbürgertum mit leichtem Gruseln und anbiederischem Wohlwollen betrachtet, in den Varietés und Tanzpalästen oder bei den großen Theaterpremieren produziert. Über ihr Privatleben wissen wir nicht allzu viel, aber es ist im Familienalltag wohl solide, bürgerlich und von der Arbeit ausgefüllt gewesen. Das Paar lebt zunächst im Stadtteil

*Anna Seghers mit ihren Kindern Peter (rechts)*
*und Ruth (links)*

Charlottenburg, zieht dann nach Wilmersdorf, und ihre letzte Wohnung vor dem Exil liegt in Zehlendorf. Rodi arbeitet bald intensiv als Lehrer in der MASCH, einer Bildungsstätte, die jenseits der staatlichen Schulen und Hochschulen gegründet und von der KPD unterstützt wird. Aber die MASCH ist keine reine Kaderschmiede der Kommunisten, sondern eine »Hochschule für Werktätige«, die auch um den Besuch von Nichtkommunisten wirbt. Neben Arbeitern und Arbeitslosen kommen einige Linksintellektuelle. Bertolt Brecht wird dort Vorlesungen hören, und Albert Einstein – von der jungen Anna Seghers 1930 um Mitarbeit gebeten – erklärt den Studenten in zwei vielbeachteten Auftritten seine Relativitätstheorie. Der junge Marxist und MASCH-Dozent Laszlo Radvanyi findet in diesen Jahren seine Lebensbestimmung. Die Verbindung von Theorie und Pädagogik fasziniert ihn bis in die DDR-Jahre hinein, als ihn die Regierung 1952 an die Humboldt-Universität beruft.

Im April 1926 wird der Sohn Peter und im Mai 1928 die Tochter Ruth geboren. Bis zu ihrem Tod bleibt die Beziehung von Anna Seghers zu ihren Kindern – und später zu ihren Enkeln – eng. In der Familie findet sie auch in den schwierigen Zeiten des Exils und der politischen Entscheidungen oder im von Krankheiten heimgesuchten Alter Halt und Lebensmut. Sie ist eine liebevolle Mutter und Partnerin. Besonders in dieser privaten Rolle zeigt sich, wie stark die jüdisch-bürgerlichen Wurzeln der Anna Seghers gewesen sind.

Neben der Familie beginnt in den Berliner Jahren die Literatur in das Zentrum ihres Lebens zu rücken. Der schriftstellerische Erfolg kommt rasch. Im März 1927 erscheint ihre Erzählung *Grubetsch* als Fortsetzungs-geschichte in der »Frankfurter Zeitung«. »Ein böser Hof, und in dem Hof ein Mann, der es versteht, die geheimen Wünsche der Menschen nach Zugrundege-hen zu erraten und jedem in seiner Weise zu erfüllen.«[135] So beschreibt Anna Seghers selbst knapp und präzise den Inhalt dieser Erzählung. Mit ihrer Tochter Ruth schwanger, arbeitet sie dann 1928 am Manuskript ihres ersten Buches, der Erzählung *Der Aufstand der Fischer von St. Barbara*. Sie habe es geschrieben, wird sie ein-mal im Rückblick anmerken, »weil ich das Ereignis ›Aufstand‹ in die Landschaft legen musste, die mir ans Herz gewachsen war. Das war damals die Nordsee und auch die Bretagne.«[136] Die Erzählung erscheint im Ver-lag von Gustav Kiepenheuer, der auch die Werke von Arnold Zweig, Lion Feuchtwanger und Joseph Roth veröffentlicht. Eine Revolutionsgeschichte ist es, die von der materiellen Not der Fischer eines kleinen Küs-tendorfes erzählt, von ihrem Protest und ihrem geschei-terten Aufstand. Hull, der Mann von draußen, der den Fischern für einen kurzen Augenblick durch seine Auf-tritte den Glauben an die eigene Kraft gibt, und der junge elternlose Andreas, der bewundernd zu dem älte-ren Revolutionär aufblickt, sind die Hauptfiguren, um die die Autorin ihre Erzählung baut. »*Der Aufstand der Fischer von St. Barbara* endete mit der verspäteten Aus-fahrt zu den Bedingungen der vergangenen vier Jahre. Man kann sagen, daß der Aufstand eigentlich schon zu Ende war, bevor Hull nach Port Sebastian eingeliefert wurde und Andreas auf der Flucht durch die Klippen umkam.«[137]

Die beiden Erzählungen bilden die Grundlage des

schriftstellerischen Ruhmes der Anna Seghers, denn sie tragen ihr im gleichen Jahr den bedeutendsten Literaturpreis der Weimarer Republik ein, den Kleist-Preis. Vergeben wird er vom jeweiligen Vorjahrespreisträger. 1928 ist das der Erzähler und Dramatiker Hans Henny Jahnn. »Ich habe den Preis der jetzt achtundzwanzigjährigen Anna Seghers zuerkannt, weil ich eine starke Begabung im Formalen gespürt habe. Bei großer Klarheit und Einfachheit der Satz- und Wortprägung findet sich in den beiden Novellen ein mitschwingender Unterton sinnlicher Vieldeutigkeit, der den Ablauf des Geschehens zu einer spannenden Handlung macht. ... Ich fand in diesen Novellen unter allen Einsendungen nicht den umfassendsten, aber vielleicht den reinsten Beitrag zur Wiederentdeckung des Daseins ohne Apotheose.«[138] Vom Preisgeld machen Rodi und Anna eine Skandinavienreise, »... eine unvergeßliche Sommerreise. Skandinavien hat ein ganz merkwürdig offenes Licht. Wir waren jung und unbeschwert und nie müde. Die hellen Abende!«[139]

1930 erscheint ihr erster Novellenband. Es sind Geschichten aus dem Kleinbürgertum (*Die Ziegler*), von Menschen, die fast willenlos in Ereignisse hineingerissen werden, die sie kaum verstehen (*Auf dem Weg zur amerikanischen Botschaft*), von karpato-ukrainischen Bauern, die gegen den Staat ihr Recht auf die Nutzung eines Waldes durchsetzen (*Die Bauern von Hruschowo*).

Dann, kurz vor dem Untergang der ersten deutschen Republik, im Jahr 1932, erscheint der Roman *Die Gefährten*. Es ist ein Episodenroman, der in kurzen, prägnanten Kapiteln die Geschichte von Menschen erzählt, die in verschiedenen Ländern Europas (und in China)

*Anna Seghers um 1930*

auf die Revolution warten oder nach ihrem Scheitern in den Kerkern leiden und in der Illegalität auf eine freie und gerechte Zukunft hoffen. Es ist ein Zeitroman, dessen Ablauf in die Jahre zwischen 1919 und 1930 fällt und der von den Schrecken einer Zeit der Bürgerkriege und der Verfolgungen erzählt. Die Autorin verarbeitet in diesem Manuskript nicht zuletzt auch die Berichte der politischen Exilanten, denen sie im Umfeld ihres Mannes in Heidelberg und dann in Berlin begegnet ist. Sie schildert Mut und Tapferkeit der Opfer, Unmenschlichkeit und Kälte der Täter, Versagen und Irrtum politischer Revolutionäre. Eine fesselnde Geschichte, die nicht nur auf die sich immer schärfer herausbildende politische Haltung der jungen Autorin hinweist, sondern auch ihr Grundthema – Kampf gegen das Unrecht und Treue gegenüber einer moralisch begründeten Idee – anstimmt. Der Roman erscheint wenige Wochen vor dem Zusammenbruch der Weimarer Republik und findet angesichts der dramatischen politischen Entwicklungen im Publikum kaum Beachtung.

1933 – Anna Seghers lebt schon im Pariser Exil – folgt die Geschichte des politischen Flüchtlings Johann Schulz, *Der Kopflohn*. Der junge Arbeiter, der in Leipzig bei einer Demonstration einen Polizisten getötet hat, taucht in einem rheinhessischen Dorf unter. Auf dem Amt in der benachbarten Kreisstadt hängt sein Steckbrief. 500 Mark werden als Prämie für denjenigen ausgesetzt, der Hinweise gibt, die zur Verhaftung von Schulz führen. Anna Seghers zeichnet in diesem Roman die politischen Entwicklungen vor dem Sieg der Nationalsozialisten nach. Sie erzählt von der Armut der Bauern und Tagelöhner, von der Faszination, die der Faschismus auf die Landjugend ausübt, und vom Hass, den die Not der Menschen und der Krieg der Parteien erzeugten. Das Ende ist illusionslos. Johann Schulz wird verraten und verhaftet.

1934 ist Anna Seghers in Österreich und recherchiert für ihren Roman *Der Weg durch den Februar,* dessen Hintergrund die politischen Kämpfe zwischen der Heimwehr, eine von den Christlich-Sozialen gegründete Miliz, und dem Republikanischen Schutzbund der Sozialdemokraten bilden. Wieder also wendet sie sich einem Gegenwartsthema zu. Diesmal allerdings mit einer klaren historischen Zuordnung der Ereignisse. Fiktive Personengestaltung und aktuelle politische Geschichte werden eindrucksvoll miteinander verwoben. Höhepunkt der politischen Kämpfe in Österreich und des Handlungsablaufs in dem Roman ist der Februaraufstand der Sozialdemokraten von 1934, der innerhalb weniger Tage scheitert und zahlreiche Opfer unter den Aufständischen fordert. Mit der Diskussion über den Hintergrund und den Sinn der Niederlage wendet sich

Anna Seghers auch an diejenigen ihrer deutschen Leser, die 1933 nicht Hitlers Wahnvorstellungen verfallen sind. Bald wird der Spanienkrieg die Frage des Scheiterns der Linken neuerlich aufwerfen. Hoffnung schöpfen die Romanfiguren aus den Ereignissen im vorbolschewistischen Russland. Die Botschaft der Autorin ist nicht zu überhören: »... nach 1905, als in Rußland die Revolution war, die verloren ging, grabesstill war es dann ... bis dann aber ein großer Streik war, droben in Sibirien auf den Lenaern Goldfeldern, von dem aber niemand etwas gehört hat, weil's zu arg weit weg war. Es hat ihnen auch nichts genützt, ihr Streik, weil die Soldaten sie alle gleich in den Schnee zusammengeschossen haben, aber denen ihr Lenin hat später gesagt, daß er doch was Rechtes war, ihr Streik, weil so lange vorher nichts war, und nachher, nach dem Streik, doch etwas angefangen hat.«[140] Als der Roman erscheint, beginnt die Kommunistische Internationale gerade die Volksfrontpolitik zu propagieren. Sie wird in den nächsten Jahren von Anna Seghers enthusiastisch unterstützt. Ihr Österreichbuch, in dem die sozialdemokratischen Figuren keineswegs – wie bis zu Stalins neuerlichem Strategiewechsel bei der KPD üblich – dämonisiert werden, ist ein literarischer Beleg für diese Haltung.

1937 veröffentlicht Anna Seghers ihren vierten Roman, *Die Rettung*. Er ist im Bergarbeitermilieu angesiedelt, das sie während einer Reise ins belgische Bergbaurevier Borinage studiert hat. Die Menschen in diesem Buch erleben die politischen und gesellschaftlichen Entwicklungen während der Weltwirtschaftskrise, die das Heer der Arbeitslosen ins Uferlose hat wachsen lassen und sie selbst existenziell trifft. Ein Grubenunglück wird zum Schlüsselerlebnis des bis dahin unpolitischen Bergmanns Andreas Bentsch. Mit sechs Kumpels wird er bei einem Einsturz unter den Schuttmassen begraben. Sein mutiges Verhalten lässt die Eingeschlossenen bis zu ihrer Rettung durchhalten. Bentsch macht im Kampf für seine Kumpels, im Sich-Auflehnen gegen die politische Unmündigkeit einen politischen Bewusstseinsprozess durch. Die Autorin appelliert mit ihrem Roman vielleicht auch an die aktiven kommunistischen Genossen, dieses Bedürfnis des Menschen nach Lebenssinn zu erkennen. Sie warnt davor, Herz und Verstand der Arbeiter allein mit leeren Durchhalteparolen und kalten Parteidirektiven zu agitieren.

Neben diesen vier Romanen schreibt Anna Seghers in den Jahren bis zum Ausbruch des Zweiten Weltkrieges noch zahlreiche Erzählungen, politische Essays und Artikel. Es ist also ein ungemein arbeitsreiches und kreatives Leben, das sie in dem Jahrzehnt nach ihrer Heirat führt. So eindeutig ihre Parteinahme für die Linke ist, ihr literarisches Werk verliert in dieser Schaffensperiode nicht den Blick für das Ganze und verengt sich nicht auf die Reproduktion von Parteifloskeln. Das wird von einigen Ausnahmen in den letzten Lebensjahren abgesehen so bleiben. Ihre Prosa ist – das gilt zumindest für die Romane, die sie vor ihrem Umzug in die DDR schreibt – realistisch und doch auch experimentell. Simultan- und Querschnitttechnik – hier nach eigenen Aussagen auch von dem amerikanischen Schriftsteller John Dos Passos beeinflusst – charakterisieren ihre literarischen Texte. Den inneren Monolog, die episodenhaften Erzählstränge, die Verlorenheit des

Individuums, den Protest gegen die vielfachen Verdrän-
gungen der gesellschaftlichen und politischen Wirklich-
keiten – alles stilistisch-dramaturgische Entdeckungen
oder Themen, die die Literatur des 20. Jahrhunderts
von James Joyce bis Franz Kafka, von Marcel Proust
bis Robert Musil geprägt haben – finden wir in den
Büchern von Anna Seghers. Aber auch eine Welt der
Mythen und Bilder, gespeist aus den großen jüdischen,
christlichen und antiken Erzählungen, begegnet den
Lesern dieser Schriftstellerin. »In diesen Geschichten
gibt es«, so schreibt die bekennende Tolstoi-Anhänge-
rin 1931, »viele verzweifelte und untergehende Menschen. Wenn man schreibt, muss man so schreiben, dass
man hinter der Verzweiflung die Möglichkeit und hinter dem Untergang den Ausweg spürt.«[141]

1928, das Jahr des Kleist-Preises, ist auch aus politischer
Sicht für Anna Seghers ein Schicksalsjahr. Sie wird Mitglied der Kommunistischen Partei. Wenig später tritt
sie in den »Bund proletarisch-revolutionärer Schriftsteller« ein. »Es war die revolutionäre Gemeinschaft,
die ganze Atmosphäre, die mich im Bund heimisch
werden ließen. … die Diskussionen im Bund proletarisch-revolutionärer Schriftsteller haben mich interessiert. Vielleicht bin ich von einzelnen Auseinandersetzungen über Fragen des Gestaltens beeinflußt
worden …«[142] Das Programm dieses Schriftstellerbun-
des ist politisch klar definiert: Kunst ist für ihn eine
»Waffe der Agitation und Propaganda im Klassenkampf«. Dieser Kampf gilt nicht nur dem Geld- und
Industriekapitalismus oder den rechtsradikalen und
nationalistischen Parteien, sondern fatalerweise auch

den Sozialdemokraten. So wird ein linksliberaler Autor wie Heinrich Mann scharf kritisiert und die SPD (»Sozialfaschisten«) mit der NSDAP gleichgesetzt. Anna Seghers nimmt an diesen ideologisch von Moskau gelenkten Aktionen gegen die nichtkommunistische Linke allerdings nicht teil. Im »Bund proletarisch-revolutionärer Schriftsteller« begründet die junge Autorin jedoch in diesen Jahren Freundschaften, die teilweise über Jahrzehnte halten. Sie begegnet hier Johannes R. Becher, Ludwig Renn, Egon Erwin Kisch, Franz Carl Weiskopf, Erich Weinert, Willy Bredel, Wolfgang Langhoff und anderen linken Intellektuellen, die bald mit ihr das Schicksal des Exils teilen. Mancher von ihnen wird später in der DDR führende Positionen einnehmen.

Anna Seghers hat eine Lebensentscheidung getroffen, und sie hält bis zu ihrem Tod an ihr fest. Sie lehnt eine Trennung zwischen Politik und Kunst entschieden ab. Schon 1932 hält sie mit Bestimmtheit fest: »Wir dürfen ja nicht in der Beschreibung steckenbleiben. Denn wir schreiben ja nicht, um zu beschreiben, sondern um beschreibend zu verändern.«[143] Und 1973 erklärt sie rückblickend etwas pathetisch: »Es zeigte sich, daß das, was ich schrieb, eine Waffe war, die im Klassenkampf mitkämpfte. Kunst, also auch Literatur, kann das Leben auf besondere Weise erklären, durchschaubarer machen, sie kann das Leben auch schöner machen, lebenswerter, sie kann die Menschen befähigen, standhaft zu sein, dadurch wirkt sie politisch.«[144]

Im November ist sie zum ersten Mal in der Sowjetunion. Viele weitere Reisen in das »Paradies der Werktätigen« werden dann nach dem Zweiten Weltkrieg folgen. Schon beim ersten Aufenthalt – sie ist Teilnehmerin der »II. Konferenz Proletarisch Revolutionärer Schriftsteller« in Charkow – lässt sie sich von der stalinistischen Propaganda blenden. »Als wir zu der Konferenz proletarischer und revolutionärer Schriftsteller nach Charkow fuhren, haben die Menschen in der jungen Sowjetunion, hat das ganze Land einen ungeheuren Eindruck auf mich gemacht.«[145] Joseph Roth ist schon 1926 durch das revolutionäre Land gereist und schickt demgegenüber äußerst nüchterne und kritische Artikel an die Redaktion der »Frankfurter Zeitung«. Der französische Schriftsteller André Gide kehrt 1936 völlig desillusioniert aus der Sowjetunion zurück, und sein Reisebericht löst bei den Kommunisten und ihren Sympathisanten helle Empörung aus. Lion Feuchtwanger antwortet nach seinem Besuch bei Stalin mit seiner Broschüre »Moskau 1937« auf den »Renegaten« Gide. Der überaus erfolgreiche Autor Feuchtwanger lässt sich von dem Diktator faszinieren und von der Propaganda hinters Licht führen und wird ähnlich enthusiastisch wie Anna Seghers sechs Jahre vorher die Wirklichkeit des Lebens in der Sowjetunion ausblenden. Er verteidigt die stalinistischen Schauprozesse gegen die alte bolschewistische Garde, wie das dann auch Anna Seghers in einigen Veröffentlichungen tun wird. Seghers, Feuchtwanger und andere von Hitler verfolgte Emigranten stellen – und das ist jenseits aller politischen Ideologie ein nachvollziehbares Motiv – ihre Bedenken über das Geschehen in der Sowjetunion zurück, weil der Kampf gegen Hitler für sie absolute Priorität besitzt. Sie halten die kritischen Berichte über den bolschewistischen Terror und die Lage der Menschen in Russland zudem für faschistische Propaganda. Anna Seghers und fast alle ihre intellektuellen Freunde setzen ihre ganze Hoffung auf die Volksfrontpolitik, die von Stalin und der Kommunistischen Internationale ab 1934 und bis zum Pakt Moskaus mit Hitler im August 1939 propagiert worden ist. Sie werden getäuscht und betrogen, aber es gibt damals angesichts des Spanienkrieges und der Duldung Hitlers durch die westlichen Demokratien kaum eine realistische Alternative.

Anna Seghers bleibt als Mensch und Künstlerin jedoch trotzdem eine Individualistin. So sehr sie sich öffentlich zum Kommunismus und zur Sowjetunion bekennt, so fahrlässig oder doch gutgläubig sie manche essayistische Veröffentlichung und manchen Artikel in den Dienst der Partei stellt, so wenig lässt sie sich in moralischen und künstlerischen Fragen völlig vereinnahmen. Vielfach sind ihre kritischen Äußerungen zur Politik Moskaus und Ostberlins oder zu den wendehalsigen kulturpolitischen Manövern der Bürokraten in Partei und Verbänden überliefert. Das sind keine Heldenauftritte gewesen, häufig schweigt sie, aber wo es ihr wichtig erscheint, verteidigt sie beharrlich ihren künstlerischen Standpunkt oder die Position von verfolgten und diffamierten Kollegen, für deren Werk sie sich einsetzt. Ihr Humor entlarvt da gelegentlich die Auftritte der Mächtigen stärker als mancher empörter Aufschrei. Christa Wolf erinnert in einem Artikel zum 100. Geburtstag der Autorin an eine für Anna Seghers sehr typische Szene: »... Mitte der sechziger Jahre rief Walter Ulbricht eine Reihe von Schriftstellern zu einem Treffen in das noch ziemlich neue Staatsratsgebäude. In seiner einleitenden Rede verlangte er, was er gerne tat, die Literatur müsse größere Anstrengungen unternehmen, um den Vorsprung der sozialistischen Gesellschaft vor der Kunst aufzuholen. Er steigerte sich zu der Forderung: Wir brauchen eine sozialistische Klassik. Wir brauchen einen sozialistischen ›Egmont‹, und wir brauchen einen sozialistischen ›Faust‹. Anna Seghers, die links neben dem Staatsratsvorsitzenden am Präsidiumstisch saß, blickte, die Augen, wie so oft, kurzsichtig zusammengekniffen, zu ihm auf und sagte, ihn unterbrechend, in mainzischem Tonfall: Jaaa, Genosse Ulbricht – mit dem Egmont, das mag ja noch angehn. Aber was machen wir denn beim Faust mit dem Mephisto? – Überraschungspause. Dann Ulbricht: Nun, Genossin Anna, die Frage Mephisto werden wir auch noch lösen.«[146]

## 7. KAPITEL
# »Sie liebten gleichwohl ihr Land«

Am 30. Januar 1933 ernennt Reichspräsident Paul von Hindenburg den ehemaligen Weltkriegsgefreiten Adolf Hitler zum Reichskanzler. Wenige Stunden später marschieren die SA-Formationen in Berlin an ihrem Führer vorbei. Am 28. Februar brennt der Reichstag, und am 23. März verabschieden die Volksvertreter das sogenannte Ermächtigungsgesetz. Nur die Sozialdemokraten weigern sich, dem freiwilligen Tod der deutschen Demokratie zuzustimmen. Die Kommunisten sind schon zum Schweigen verdammt. In den Polizeizellen und rasch errichteten wilden Konzentrationslagern prügeln und foltern die losgelassenen Schlägerbanden Hitlers. Sozialdemokraten und Kommunisten werden verfolgt, verhaftet und ohne richterliches Urteil eingesperrt. Die intellektuellen Gegner der Nationalsozialisten in der Presse, in den Verlagen und Theatern verlieren ihre Arbeitsplätze oder verschwinden ebenfalls in den Kellern und Lagern der SA. Seit April werden jüdische Geschäfte, Anwaltskanzleien und Arztpraxen boykottiert. Am 7. April erlassen die neuen Herren das »Gesetz zur Wiederherstellung des Berufsbeamtentums«, das die Juden vom Staatsdienst ausschließt. Innerhalb weniger Wochen hat sich Deutschland in eine antisemitische Diktatur verwandelt, in der die Nationalsozialisten ihre Herrschaft durch Unterdrückung und Terror festigen und schließlich durch-

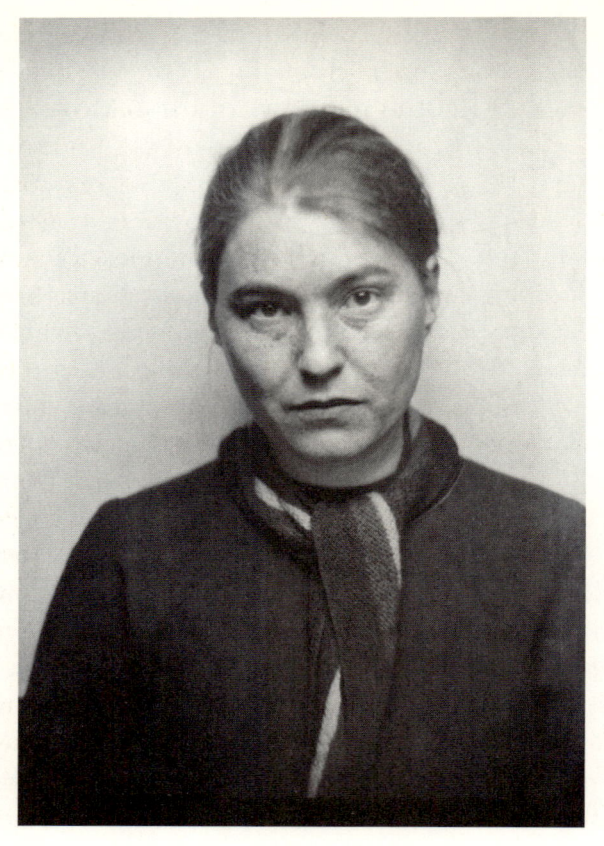

*Anna Seghers Mitte der 30er-Jahre*

setzen. Bald wird die Mehrheit der Deutschen Hitlers Vabanquepolitik ziemlich enthusiastisch unterstützen.

Die Familie Radvanyi ist doppelt gefährdet. Als Kommunisten und Juden gehören sie den beiden gesellschaftlichen Gruppierungen an, deren Angehörige sofort diskriminiert, verfolgt, verhaftet oder ermordet werden. Am Tag des Reichstagsbrandes ist Anna Seghers mit ihrem gerade von einer Scharlacherkrankung genesenden Sohn Peter im Schwarzwald. Die Nachrichten aus Berlin alarmieren sie, und sie reist sofort zurück in die Hauptstadt. »Kaum war sie in unsere Wohnung nach Zehlendorf zurückgekehrt, um aufzuräumen und vorsichtshalber einige persönliche Dinge zusammenzupacken, als es an der Tür klingelte: die Polizei kam, um sie zu verhaften. Seit dem Vorabend hatte unsere Flurnachbarin hinter ihrer Tür am Spion auf die Rückkehr meiner Mutter gelauert, deren antinazistische Meinungen und Schriften sie kannte, um sie telefonisch bei der Polizei zu denunzieren.«[147] Anna Seghers hat Glück. Nach einem längeren Verhör wird sie entlassen. Ihr ungarischer Pass, den sie seit ihrer Heirat besitzt, bewahrt sie vor lebensbedrohenden Folgen. Sie taucht unter und geht gemeinsam mit Rodi – die MASCH ist unmittelbar nach der Machtübernahme geschlossen worden – in die Schweiz. Anfang April reist das Ehepaar über Basel nach Frankreich. Die beiden Kinder bleiben zunächst einige Monate bei den Großeltern in Mainz. Im Juni bringen diese sie nach Straßburg, wo die Mutter sie in die Arme schließen kann.

Sieben Jahre wird Anna Seghers mit ihrer Familie im Pariser Exil leben, bis sie Hitler dann auch aus der französischen Metropole verjagt. Im Herbst 1933 finden die

Radvanyis eine Wohnung in Meudon, einem idyllischen Vorort von Paris. »Wie sanft die Hügel von Meudon waren hinter der Seine! Wie blau war die Luft!«[148] Sie beziehen die erste Etage eines kleinen Hauses in der Avenue du 11 Novembre 1918. Im Südwesten liegt der Forêt de Meudon, und nur wenige Fußminuten entfernt auf einem hohen Plateau stand einst das Schloss der Madame de Pompadour. Der Blick fällt auf das imposante Panorama von Paris, und bei ihren Spaziergängen auf den stillen Parkwegen der einstigen Schlossanlage entwirft und entwickelt Anna Seghers manchen Romanplan. Die Kinder werden für den Schulunterricht angemeldet, und als dann auch bald durch die Hilfe der Mainzer Eltern die Möbel aus Berlin eintreffen, beginnt für die Radvanyis der Alltag. Anna vervollständigt ihr Französisch, und die Kinder leben sich rasch in ihre neue Umgebung ein. »Meine Mutter kümmerte sich um uns Kinder … Mein Vater mischte sich nur gelegentlich ein, wenn einer von uns eine große Dummheit begangen oder besonderes Lob verdient hatte. Er lebte meist nach einem ganz anderen Stundenplan als die übrige Familie. Da er am späten Nachmittag, am Abend und in der Nacht arbeitete, stand er erst am späten Vormittag auf. Mir kam er vor wie ein Gelehrter aus dem 19. Jahrhundert. Sein Arbeitszimmer, in dem er auch schlief, war während seiner Abwesenheit zugeschlossen. Wir mußten anklopfen und seine Aufforderung abwarten, wenn wir eintreten wollten.«[149]

Von Meudon aus erreicht man mit der Vorstadtbahn in 30 Minuten den Bahnhof Montparnasse. Anna benutzt sie häufig, sitzt dann für einige Stunden in einem der vielen Straßencafés der pulsierenden Seine-Metropole, begegnet dort den nun ebenfalls im Exil lebenden Freunden, und sie schreibt. »Wenn meine Mutter Ruhe zum Schreiben brauchte, flüchtete sie in ein Café. Zuweilen ging sie in ein Café in der Nähe unserer Post, aber lieber noch suchte sie die Cafés in Paris auf, vor allem am Boulevard Saint-Germain. Mit einem einzigen Milchkaffee hielt sie einen ganzen Vor- oder Nachmittag durch. Daß sie sich in allgemeinem Lärm und inmitten von vielen Leuten befand, störte sie gar nicht, da die Gespräche sie ja nichts angingen, im Gegenteil, das stellte für sie eher eine Art Schutzwand dar.«[150] Ähnlich die Erinnerungen ihrer Mitarbeiterin und Freundin Lore Wolf: »Oftmals sah ich sie im Café de la Paix oder in einem kleinen Café am Montparnasse unter einer murmelnden Menschenmenge sitzen. ... Der Bleistift flog über das Papier, und das Manuskript wuchs.«[151] In den Pariser Jahren entstehen nicht nur zahlreiche Erzählungen und Essays, sondern vor allem der Roman, der dann Anfang der Vierzigerjahre ihren literarischen Weltruhm begründen wird: *Das siebte Kreuz*.

Politisch bleibt Anna Seghers auch im Exil aktiv. Viele Freundschaften – alte und in Paris neu geknüpfte – basieren auf der gemeinsamen Arbeit im Kampf gegen den Nationalsozialismus. Der »rasende Reporter« Egon Erwin Kisch und sein Frau Lisl, die Schriftsteller Bruno Frei und Gustav Regler, die Journalisten Alexander Abusch und Otto Katz, der unter dem Namen André Simone publiziert, besuchen die Radvanyis mit ihren Familien in Meudon, oder man trifft sich auf den Versammlungen und Veranstaltungen, die von den Exilanten organisiert werden. Der engere Bekanntenkreis steht links, viele der Freunde sind Mitglieder der kommunistischen Bewegung. Es gibt aber auch – allerdings weniger enge – Kontakte zu dem tschechischen Autor und Arzt Ernst Weiss oder dem Kritiker und Kulturphilosophen Walter Benjamin. Beide werden nach dem Einmarsch der deutschen Wehrmacht in Frankreich Selbstmord begehen. Weiss in einem Pariser Hotelzimmer und Benjamin im katalanischen Portbou, einem Städtchen dicht an der französisch-spanischen Grenze.

Es ist auch jenseits der rein schriftstellerischen Tätigkeit ein intensives Arbeitsleben. Anna Seghers ist Mitherausgeberin der »Neuen Deutschen Blätter«, die von 1933 bis 1935 in Prag erscheinen. Ende Juni 1935 nimmt sie am »Internationalen Schriftstellerkongress zur Verteidigung der Kultur« in Paris teil. 250 Autoren aus 27 Ländern debattieren im riesigen Saal der »Mutualité« über die Lage in Europa. »An fünf Nachmittagen und Abenden waren jedesmal mehrere tausend Personen versammelt«, schreibt Heinrich Mann in einem Rückblick.[152] Vorgesehen sind 89 Redebeiträge. Auf der Teilnehmerliste finden sich so bekannte Namen wie Johannes R. Becher, Bertolt Brecht, Lion Feuchtwanger, Klaus und Heinrich Mann, Robert Musil, Leonhard Frank, Gustav Regler, André Gide, Aldous Huxley, Ilja Ehrenburg oder Louis Aragon. Faschismus, Weltwirtschaftskrise und die von Stalin in diesen Jahren noch propagierte Volksfrontpolitik sind die zentralen Themen. Am Ende der Tagung steht die Gründung einer internationalen Schriftstellervereinigung.

Ablauf und Organisation des Kongresses liegen völlig in der Hand der Kommunisten. Es gibt Ovationen für Heinrich Mann, und linke Sympathisanten wie Feuchtwanger oder Klaus Mann liefern Rednerbeiträge.

Aber die kommunistischen Lenker überlassen nichts dem Zufall. Abweichler werden polemisch abgestraft, und die Anweisungen aus Moskau sind sakrosankt.

Golo Mann, der 1935 als junger Lehrer an der Pariser Schule Saint Cloud tätig ist, sitzt im Publikum. Er schreibt nach dem Treffen an den vorzeitig abgereisten Bruder Klaus: »Anna Seghers, ein sehr nettes, braves Mädchen, erwähnte Dich lobend in ihrem Diskurs. – Als eine achtbare Monstre-Demonstration mag das Ganze seine Wirkung gehabt haben.«[153] Bruno Frei, ebenfalls Kongressteilnehmer, zeichnet ein besonders schönes und wohl zutreffendes Porträt von Anna Seghers' Auftritten in diesen Monaten: »Anna Seghers strahlte ein Fluidum aus – kann man von mütterlicher Provokation sprechen? –, das auf die sonderbarste Weise zum Handeln anregte. Man war versucht ihre Redeweise sprunghaft zu finden; in Wirklichkeit folgte sie einer ihr eigenen Gedankenreihe; später stellte sich meist heraus, daß sie das Wesentliche vom Drumherum geschieden hatte, scheinbar tastend, in Wahrheit mit der Sicherheit eines Traumwandlers. Was die Berufspolitiker etikettierten, verwandelte sie in Anschauliches.«[154]

Anna Seghers setzt sich in ihrem Redebeitrag mit der »Vaterlandsliebe« auseinander. »Bedenkt die erstaunliche Reihe der jungen, nach wenigen übermäßigen Anstrengungen ausgeschiedenen deutschen Schriftsteller. Keine Außenseiter und keine schwächlichen Klügler gehören in diese Reihe, sondern die Besten: Hölderlin, gestorben im Wahnsinn, Georg Büchner, gestorben durch Gehirnkrankheit im Exil, Karoline Günderode, gestorben durch Selbstmord, Kleist durch Selbstmord, Lenz und Bürger im Wahnsinn. ... Diese deutschen

Dichter schrieben Hymnen auf ihr Land, an dessen gesellschaftlicher Mauer sie ihre Stirnen wund rieben. Sie liebten gleichwohl ihr Land.«[155] Ihre Rede spiegelt viel von dem wider, was ihr eigenes Verhältnis zu Deutschland beschreibt. Aber sie revidiert angesichts des Erfolges der nationalen Propaganda Hitlers auch ihre bislang skeptische Haltung zum »Patriotismus«. »Auf jeden Irrtum in der Einschätzung der nationalen Frage«, so kritisiert sie mutig die offizielle Haltung der Kommunistischen Internationale, »reagieren die Massen unerbittlich. Wenn im Bewußtsein der heutigen Menschen der Vaterlandsbegriff längst entlarvt schien, er regenerierte sich trotzdem täglich und minütlich aus dem Sein heraus. Jeder Zuruf in der Muttersprache, jeder Erdkrümel zwischen den Fingern, jeder Handgriff an der Maschine, jeder Waldgeruch bestätigte ihnen von neuem die Realität ihrer Gemeinschaft.«[156]

Im Juli 1936 löst der Putsch des Generals Franco den spanischen Bürgerkrieg aus. Er wird zum Vorspiel des Zweiten Weltkriegs. Hitler und Mussolini unterstützen mit ihrer Luftwaffe die faschistischen und am Ende siegreichen Rebellen. Die Sowjetunion schickt Waffen und Berater, um die Republikaner vor einer Niederlage zu bewahren. Zahlreiche Freiwillige aus dem Lager der linken Intellektuellen in Westeuropa und in den Vereinigten Staaten eilen an die spanische Front, um dort in den Internationalen Brigaden gegen die Falangisten zu kämpfen. Anna Seghers reist ebenfalls in das Kriegsgebiet und besucht dort Barcelona, Valencia, einige Freiwilligenbataillone und den II. Internationalen Schriftstellerkongress in Madrid. »... es (ging) bei diesem

*Anna Seghers um 1938 in Paris*

Kongreß darum, Zeugnis abzulegen: nämlich für die Verteidigung der Kultur, die heute mit der Verteidigung Spaniens identisch ist.«[157]

Das französische Exil der Radvanyis endet im Herbst 1940. Dramatische Monate folgen den französischen und britischen Kriegserklärungen vom 3. September 1939. Sie sind die Reaktion der beiden Westmächte auf den deutschen Einmarsch in Polen. Rodi wird als »feindlicher Ausländer« im berüchtigten Lager Le Vernet am Rande der Pyrenäen interniert. Als die französische Armee im Mai/Juni 1940 zusammenbricht und deutsche Soldaten auf den Champs Elysée paradieren, flieht Anna Seghers mit ihren Kindern über die von Zivilisten und Militärs überfüllten Straßen. »Zehntausende Menschen jeglichen Alters marschierten in einem ununterbrochenen Strom, alle in dieselbe Richtung –

nach Süden –, und sie schleppten mit, was sie nur konnten«, erinnert sich Pierre Radvanyi.[158] Im kleinen Dorf Pithiviers-le-Vieil werden die drei Flüchtlinge von den deutschen Truppen überrollt und sind gezwungen, in das für sie gefährliche Paris zurückzukehren. Sie mieteten sich in einem Hotel in der Rue Saint Sulpice ein. »Wir hatten wenig Geld, manchmal Hunger; wir waren verängstigt.«[159]

Wenige Wochen später unternimmt Anna Seghers einen weiteren Versuch, den Süden zu erreichen, um der Gestapo zu entkommen und wieder den Kontakt zum internierten Rodi herzustellen. Ilja Ehrenburg hält in seinen Erinnerungen fest: »Am dreizehnten Juli kam Anna Seghers in die (sowjetische – WS) Botschaft. Sie wurde beschattet, ihr drohte der Tod. Sie bat, ihr dabei zu helfen, in die freie Zone zu entkommen.«[160]

Diesmal gelingt die schwierige Reise über die Loire ins unbesetzte Frankreich. Anna Seghers und ihre Kinder erreichen das Pyrenäen-Städtchen Pamiers. Es liegt nur wenige Kilometer von Le Vernet entfernt, wo Rodi unter schlimmen Bedingungen leben muss. »Ich kann Euch unser Leben nicht schildern«, schreibt Anna Seghers am 23. November aus Pamiers an den schon in Amerika lebenden Schriftsteller Franz C. Weiskopf. »Dante, Dostojewski, Kafka – oh, das waren Bagatellen! Kleine Unannehmlichkeiten, die vorübergingen. Das hier – das ist ernst. Und das Sonderbarste ist, dass man sich gewöhnt, die Kinder gehen zur Schule, ich koche eine eigenartige Suppe für uns drei und für noch 2 Neuangekommene. Man erfährt z.B., dass Benjamin an der Grenze Selbstmord begangen hat, weil er nicht durch Spanien reisen durfte. ... Ich habe in Paris in

Weiß' Hotel nachgefragt, ob er da sei, man sagt mir, er sei evakuiert worden. Später erfährt man, dass er Selbstmord begangen hat, man sagt sich, was für ein komischer Ausdruck für einen Selbstmord!«[161]

Immer wieder reist Anna Seghers nach Marseille, um auf den Konsulaten und Botschaften die lebensrettenden Ausreisepapiere zu erhalten. Es beginnt der zermürbende Kampf mit der Bürokratie. Als er gewonnen ist und die Familie Europa verlassen kann, schreibt sie ihren Roman *Transit*. Den Hintergrund dieses Werkes, das erst 1948 in deutscher Sprache erscheint, bilden die verzweifelten Versuche der in der südfranzösischen Hafenstadt gestrandeten Flüchtlinge, den Kontinent verlassen zu können. Der Kapellmeister »hatte schon einmal einen Kontrakt besessen, auf dem Kontrakt ein Visa, auf das Visa das Transit. Die Gewährung des Visa de Sortie hätte aber so lange gedauert, daß ihm inzwischen das Transit erloschen sei, darauf das Visa, darauf der Kontrakt. Letzte Woche hätte man ihm das Visa de Sortie gewährt, er warte jetzt Tag und Nacht auf die Verlängerung des Kontraktes, die ja dann ihrerseits die Verlängerung seines Visas bedinge.«[162] Am Ende des Romans über die »doppelt Verratenen …, (die) die einzig Treuen (sind)«[163], reflektiert eine der Figuren über den Kampf eines Schriftstellers, der – wie Ernst Weiss – in einem Pariser Hotelzimmer Selbstmord begangen hat. »Um was soll denn der gekämpft haben?«, fragt der Ich-Erzähler. – »Um jeden Satz, um jedes Wort seiner Muttersprache, damit seine kleinen, manchmal ein wenig verrückten Geschichten so fein wurden und so einfach, daß jedes sich an ihnen freuen konnte, ein Kind und ein ausgewachsener Mann. Heißt das nicht auch, etwas für sein Volk tun? Auch wenn er zeitweilig, von den Seinen getrennt, in diesem Kampf unterliegt, seine Schuld ist das nicht. Er zieht sich zurück mit seinen Geschichten, die warten können wie er, zehn Jahre, hundert Jahre.«[164] Sätze, die das Glaubensbekenntnis und die künstlerisch selbstgewisse Zukunftshoffnung der Schriftstellerin Anna Seghers in einer mörderischen Zeit umschreiben.

»Ich werde einen kleinen Roman beenden, etwa 200 bis 300 Seiten, nach einer Begebenheit, die sich vor kurzem in Deutschland zutrug. Eine Fabel also, die Gelegenheit gibt, durch die Schicksale eines einzelnen Mannes sehr viele Schichten des faschistischen Deutschlands kennenzulernen. Dieses Buch darf und wird nicht allzu lang dauern.«[165] Diese Zeilen schreibt Anna Seghers am 23. September 1938 an den Direktor des Gorki-Instituts für Weltliteratur. Es ist der erste persönliche Hinweis der Schriftstellerin auf ihren Roman *Das siebte Kreuz,* den sie noch vor ihrer Flucht aus Paris beendet hat. Schon länger hatte sie sich mit dem Gedanken getragen, einen fiktiven Text zu schreiben, dessen Hintergrund die aus den unterschiedlichsten Schichten stammenden Menschen bilden, die im nationalsozialistischen Deutschland leben. Ihr moralisches Handeln, ihr Mut und ihre Feigheit, ihre Treue und ihr Verrat stehen im Zentrum dieses Romans aus Hitler-Deutschland. Die Freunde, Verwandten oder Parteigenossen, die der Protagonist, der KZ-Flüchtling Georg Heisler, aufsucht und auf deren Hilfe er angewiesen ist, durchleben einen existenziellen Schrecken. Dürfen, sollen, müssen sie ihr Leben oder das ihrer Angehörigen riskieren, um dem Flüchtling zu helfen? Die Autorin gibt eine eindeutige Antwort: »… ja, es war erlaubt. Nicht nur erlaubt, sondern nötig.«[166]

Eine Fluchtgeschichte ist es, angesiedelt in Mainz und im Rhein-Main-Gebiet. Berichte von Flüchtlingen und dem KZ entronnenen ehemaligen Häftlingen, ausländische Zeitungsberichte und Briefe aus Deutschland, die sie auf Umwegen erreichen, fließen in die Erzählung ein. Sieben Häftlinge sind im Oktober 1937 aus dem rheinhessischen KZ Westhofen geflohen. Der Kommandant lässt sieben Holzkreuze auf dem Gelände des Lagers errichten, an denen die wieder eingefangenen Häftlinge zur Abschreckung für die Lagerinsassen zu Tode gequält werden sollen. Vier werden von der Gestapo gefangen, einer stirbt vor seiner neuerlichen Verhaftung und ein sechster stellt sich freiwillig. Der Mechaniker Georg Heisler, der siebte Flüchtling und die Hauptfigur des Romans, entkommt nach einer atemberaubenden Flucht seinen Häschern, und es gelingt ihm, sich ins Ausland zu retten. Das siebte Kreuz auf dem Lagerplatz bleibt leer und es wird für die Gefangenen zu einem Symbol der Hoffung auf eine bessere Zeit und des Widerstandes gegen das nationalsozialistische Regime. Die letzten Sätze des Romans zeugen vom unerschütterlichen Optimismus der Autorin und ihrem Glauben an die Unzerstörbarkeit der Idee des Humanismus: »Wir fühlten alle, wie tief und furchtbar die äußeren Mächte in den Menschen hineingreifen können, bis in sein Innerstes, aber wir fühlten auch, daß es im Innersten etwas gab, was unangreifbar war und unverletzbar.«[167]

Interessant im Zusammenhang mit dem Roman ist ein Hinweis der Autorin in den frühen 1970er-Jahren in einem Brief an den DDR-Germanisten Kurt Batt: »Ich sagte Ihnen zwar, daß mir gewisse Schriftsteller bei der Arbeit stark geholfen haben. Doch diese ›Hilfe‹ wurde als Assoziation benutzt, z. B. im *Siebten Kreuz* der italienische Roman »Die Verlobten« (von Alessandro Manzoni – WS), weil ich durch diesen Roman darauf kam, daß man durch ein kleines Ereignis alle Schichten eines Volkes darstellen kann …«[168]

Während der Fluchtmonate gilt diesem Manuskript neben dem alltäglichen Überlebenskampf ihre Hauptsorge. Denn in den Kriegswirren dieser Wochen weiß Anna Seghers nicht, ob die von ihr an verschiedene Adressen verschickten Kopien überhaupt angekommen oder sie nicht doch alle endgültig verloren gegangen sind. Eine dieser Sendungen erreicht glücklicherweise im Januar 1940 den in New York lebenden Schriftsteller Franz C. Weiskopf, der den Radvanyis bei der Beschaffung der notwendigen Papiere für ihre Ausreise nach Amerika hilfreich zur Seite steht. Weiskopf gibt das Manuskript an Anna Seghers' amerikanischen Literaturagenten Maxim Lieber weiter. Es ist der Beginn einer literarischen Erfolgsstory. Der Verlag Little, Brown und Companie veröffentlicht die amerikanische Übersetzung im Oktober 1942. *The Seventh Cross* wird zum Book of the Month und erreicht damit automatisch eine hohe Auflage. Bald folgt die Hollywood-Verfilmung des Romans. Brecht, der damals in Los Angeles lebt, hält im »Arbeitsjournal« fest: »ich lobe den schauspieler spencer tracy im SIEBTEN KREUZ wegen einiger beinahe sublimer ausdrücke, hier sonst unüblich.«[169] Zum ersten Mal seit ihrer Heirat ist Anna Seghers finanziell abgesichert. In Deutschland erscheint der Roman 1946 im Ostberliner Aufbau-Verlag und 1948 bei Kurt Desch in München.

Der Welterfolg ihres Romans beruht einmal natürlich auf seiner unbestrittenen literarischen Qualität. Aber es tritt beim Erscheinen der amerikanischen Ausgabe ein weiterer wichtiger Moment hinzu. *The Seventh Cross* erreicht die Leser in den Vereinigten Staaten in einem für das Land historischen Augenblick: Im Dezember 1941 sind die USA in den Krieg gegen Hitler eingetreten. Ein Buch über das Leben im »Dritten Reich« muss daher beim amerikanischen Publikum auf besonderes Interesse stoßen. Carl Zuckmayer notiert kurz nach der Veröffentlichung zutreffend: »Wer genau wissen will, wie das ›Volk‹, der common man, in Deutschland ausschaut, mitten unter der Naziherrschaft, lese Anna Seghers ›Das Siebte Kreuz‹.«[170] Nicht nur die Filmindustrie greift die Geschichte des Häftlings Georg Heisler dann auf, sondern auch die in den USA so beliebten Comiczeichner.

Der Einfluss der Politik spielt bei der ersten sowjetischen Veröffentlichung des Romans ebenfalls eine beachtliche, allerdings negative Rolle. Der Abdruck in der Zeitschrift »Internationale Literatur« kommt nicht über die ersten beiden Kapitel hinaus. Moskau lässt die weitere Veröffentlichung in dem Augenblick stoppen, in dem Stalin am 23. August 1939 seinen Pakt mit Hitler abschließt.

Als sich der große Erfolg des Romans abzeichnet, ist Anna Seghers bereits in Mexiko. Am 24. März 1940 hat der Frachtdampfer »Lemerle« Marseille verlassen. An Bord sind die vier Radvanyis, die schließlich die erforderlichen Papiere mit Hilfe der schon in Amerika lebenden Freunde und verschiedener Flüchtlingskomitees zusammengetragen haben. Ziel der Reise ist New York. Sie überqueren den Atlantischen Ozean und müssen auf der karibischen Insel Martinique das Schiff verlassen. Nach mehrwöchigem Lageraufenthalt geht es über Santo Domingo nach New York. Wieder Internierung, diesmal auf Ellis Island. Die Kommunistin Anna Seghers steht beim FBI längst unter Beobachtung. Nach dem Verhör durch die Einwanderungsbehörden wird den Radvanyis die Einreise in die Vereinigten Staaten nicht gestattet. Im FBI-Protokoll ist zu lesen: »After the hearing the RADVANYIS were excluded from admission to the United States … The … family was sent to Mexico on the SS Monterey on June 25, 1941, bound for the port of Vera Cruz.«[171] Die offizielle Erklärung: Tochter Ruth dürfe aus Gesundheitsgründen die Vereinigten Staaten nicht betreten. Der Plan, in den USA eine Bleibe zu finden, ist gescheitert. Über Kuba erreichen die Radvanyis schließlich am 30. Juni 1940 Vera Cruz an der Ostküste des Aztekenstaates. »Die Eisenbahn transportiert uns durch den Urwald bis 2400 Meter Höhe. Auf der Strecke sehen wir über der grünen Baumwand die weiße Spitze des Pico Orizaba. Mexiko-City wird von den erloschenen Vulkanen Popocatepetl und Ixtacihuatl überragt. Nach der Ankunft nehmen uns befreundete Familien auf. Bald bezogen wir eine eigene Wohnung.«[172]

Drei Monate hat das nervenaufreibende und lebensgefährliche Reiseabenteuer gedauert, bis Anna Seghers einen sicheren Hafen gefunden hat.

»Auf der Flucht wurde ich mit einer Welt zusammengebracht, die ich erst später aus Büchern ganz begriff. Ich kam mit einer Bevölkerung zusammen, auf den Antillen, die die Sklavenbefreiung der Französischen Revolution halb oder noch gar nicht erfahren hatte.«[173] Die Reise in die Karibik und der jahrelange Aufenthalt in Mexiko konfrontieren Anna Seghers mit einer ihr unbekannten, sie sofort faszinierenden Welt. Erst sehr viel später wird diese Begegnung ihren wichtigen literarischen Niederschlag finden. Ihre karibischen Geschichten (*Die Hochzeit von Haiti, Wiedereinführung der Sklaverei in Guadeloupe, Das Licht auf dem Galgen*) oder die in Mexiko spielenden Erzählungen *Crisanta* und *Das wirkliche Blau* gehören zu den schönsten Prosatexten ihrer späteren Jahre.

»Das Leben hier gefällt mir sehr. Das Klima, die Farben, die Landschaft, all das gibt mir die Gewissheit, dass ich hier leben und arbeiten kann.«[174] Sie fühlt sich trotz der sich immer dramatischer gestaltenden Weltereignisse wohl in Mexiko. Sie trifft hier alte Freunde wieder – Egon Erwin Kisch, Ludwig Renn, Bodo Uhse, Leo Katz. Neue wichtige Beziehungen werden geknüpft: Zum Kreis um die weltberühmten mexikanischen Maler Diego Rivera, Frida Kahlo und Xavier Guerrero, zum mächtigen Gewerkschaftsführer und Berater des mexikanischen Reformpräsidenten Lázaros Cardenas, Vicente Lombardo Toledano, zum chilenischen Konsul in Mexiko und Dichter Pablo Neruda. Toledano vermittelt Laszlo Radvanyi als Lehrer an die Universidad Obrera. Mexiko-City wird zum neuen Lebensort der Familie.

Zum Schreiben hält sich Anna Seghers häufig in Cuernavaca, der Hauptstadt der Provinz Morelos, auf.

Das milde Klima dieser Region liebt sie. Hier entstehen zahlreiche Erzählungen, und sie beginnt unter der Sonne des mexikanischen Hochlandes mit der Niederschrift ihres Romans *Die Toten bleiben jung*. Erste Hinweise darauf finden sich bereits in einem Brief an Johannes R. Becher aus dem Jahre 1939. Erneut zeichnet Anna Seghers in diesem Prosawerk, dessen Handlung mit dem Spartakusaufstand im Januar 1919 einsetzt und die Jahre der Weimarer Republik und des Zweiten Welt- krieges umfasst, ein großartiges Geschichtspanorama. In mehreren montagehaft strukturierten Handlungs- strängen erzählt die Autorin das von den politischen Ereignissen bestimmte Schicksal ihrer – aus den ver- schiedensten gesellschaftlichen Milieus stammenden – Figuren. Schauplätze des Geschehens sind ihre rheini- sche Heimat und Berlin, das märkische Land und Orte des Zweiten Weltkrieges. Die junggebliebenen Toten, das sind für Anna Seghers sowohl die in den Ge- schichtsbüchern festgehaltenen Märtyrer der Revolu- tion als auch die vielen unbekannten Männer und Frauen, die Opfer der Fememorde und der Willkür der Herrschenden wurden. Im 1947 verfassten Vorwort zur Neuerscheinung ihres Romans *Die Rettung* wird Anna Seghers einen auch für *Die Toten bleiben jung* zutreffenden Hinweis darauf geben, mit welchen In- tentionen sie das Schicksal ihrer Figuren erzählt: »Die Menschen sind Menschen der Krisenzeit, ihre Leiden sind Leiden der Krisenzeit, ihre Liebschaften sind Liebschaften der Krisenzeit.«[175]

Vollenden wird Anna Seghers diesen Epochenroman erst in der DDR, wo er 1949 erscheint. Kritisiert im Westen, gelobt im Osten bleibt er ein literarisch großartiger Prosatext, der eindrucksvoll von den Schrecken der Zeit und dem Versagen der bürgerlichen und aristokratischen Elite erzählt. Die Autorin versteht es in vielen Passagen der Erzählung, Menschen – Industrielle, baltische Adlige, preußische Offiziere, Sozialdemokraten und Kommunisten – und Landschaften zu charakterisieren. Allerdings einschränkungslos gilt das nicht: Die Idealisierung des kommunistischen Personals, die gelegentlich sehr pauschal dargestellte historische Typisierung der Figuren ist wohl ein Tribut, den Anna Seghers an die neue Umgebung zu zahlen hat, in der sie seit 1947 lebt und arbeitet.

Wie in den französischen Jahren beteiligt sich Anna Seghers auch in Mexiko an den Unternehmungen des deutschen Exils, ist besonders aktiv im kleinen Kreis der dort gestrandeten Kommunisten. Von den rund 3 000 deutschen Exilanten in Mexiko sind ganze 100 Angehörige der Kommunistischen Partei. Paul Merker, der später in der DDR Aufstieg und Fall eines Funktionärs durchlebt, wird im Kreis der deutschen Kommunisten zur Führungsfigur. So wie in allen politisch orientierten Exilkreisen gibt es auch unter den Kommunisten heftige ideologische Auseinandersetzungen: Für oder gegen Trotzki, der 1940 in Mexiko auf Befehl Stalins ermordet wird. Für oder gegen die Zusammenarbeit mit deutschen Offizieren, die in russische Gefangenschaft geraten sind. Für oder gegen die These von der Kollektivschuld der Deutschen an den Verbrechen des Nationalsozialismus. Diese Auseinandersetzungen schlagen tiefe Wunden. Sie sind auch noch nicht verheilt, als man sich nach der deutschen Niederlage in den

Machtzentralen der DDR wiedertrifft. Anna Seghers hält sich weitgehend aus diesen Streitereien heraus, hält auch Kontakt mit deutschen und mexikanischen Kreisen, die von den Kommunisten geächtet werden. Ebenso wie Egon Erwin Kisch erweist sie sich in diesen Jahren ausdrücklich als Individualistin, die nicht gewillt ist, sich der Partei in allen Fragen unterzuordnen. Als der Kreis um Paul Merker einmal ein mit Anna Seghers befreundetes Ehepaar aus der Partei ausstößt und damit für jeden Kommunisten ein weiterer Kontakt mit den Verfemten verboten ist, hält sie sich nicht daran. »Anna besaß noch lange einen Zettel, den Paul Merker ihr, nachdem sie bei den Stibis (Georg Stibi wird später in der DDR zum stellvertretenden Außenminister aufsteigen – WS) gewesen war, unter die Wohnungstür geschoben hatte und auf dem etwa folgendes stand: Jetzt weiß ich, wo Du Dich entgegen den Beschlüssen der Partei hinbewegst. Ich habe Dich beobachtet. P. Merker.«[176]

Anna Seghers gehört zu den Mitbegründern des Heinrich-Heine Clubs, der mit Lesungen und Theateraufführungen die deutsche Kultur gegen den faschistischen Alleinanspruch verteidigt. Sie ist auch dabei, als am 9. Mai 1942 der Verlag El Libro libre gegründet wird. In den vier Jahren seines Bestehens wird der Verlag 20 deutsche Titel – darunter auch den Roman *Das siebte Kreuz* – verlegen. Der junge Kommunist Walter Janka, später Chef des Aufbau-Verlages und Opfer der Willkürjustiz des Ulbricht-Staates, leitet den Verlag. Neben El Libro libre wird die Zeitschrift »Freies Deutschland« ins Leben gerufen. Ihr erster Chefredakteur ist Bruno Frei, und Anna Seghers arbeitet auch bei diesem Projekt mit großem Engagement mit.

*Anna Seghers um 1948*

Mexiko wird eine fruchtbare und erfüllte Zeit für die Schriftstellerin. Sie reist viel durch das Land und ist offen für das Leben und die Kultur des mittelamerikanischen Staates. »Liebste Lene«, schreibt sie im Dezember 1946 an Lore Wolf, »ich habe das Land hier sehr lieb gewonnen. Du weisst, erst vor hundert Jahren hat es sich von den Spaniern befreit. Hat seitdem ununterbrochen um seine aeussere und innere Freiheit gekaempft. Mit Rueckschlaegen, mit Enttaeuschungen, mit Betrug, mit Verrat, mit Unwissenheit. Und manchmal fuehlst Du an einzelnen Menschen all diese Widersprueche. Manches ist wie im Mittelalter, manches wie in der vorgeschichtlichen Zeit und manches weit voraus.«[177] Noch 1977 hält sie fest: »Mexiko habe ich sehr geliebt.«[178]

Am 26. Juni 1943 notiert Brecht in seinem Arbeitsjournal: »früh halb neun. im radio: anna seghers liegt in einem mexicospital im koma, nachdem sie gestern auf der straße aufgefunden wurde, überfahren oder wie die polizei annehme, aus einem auto geworfen.«[179] Der schon erwähnte schwere Unfall am 24. Juni 1943 unterbricht für Monate ihren mexikanischen Alltag. Auch wenn die von Brecht erwähnte Vermutung der Polizei nicht zutrifft, die Ärzte konstatieren schwerste Folgen: »Die Untersuchung ergab folgendes: Weichteilwunde der rechten Frontalgegend von 2 cm Länge, großes subcutanes Hämatom in der linken Schläfengegend, symmetrische Ekchymosen in beiden Augenlidwinkeln. Dieser Zustand, in welchem die Bewußtlosigkeit praktisch das hervorstechendste Symptom darstellte, hielt vier Tage an.«[180]

Den tiefsten Schatten, der über den mexikanischen

Jahren liegt, bildet aber die Sorge um die in Mainz zu-
rückgebliebenen Eltern. Anna Seghers erfährt von den
immer schrecklicheren Verordnungen und Erlassen,
die das Leben der in Deutschland verbliebenen Juden
zur Hölle machen. Sie versucht verzweifelt, die Ausreise der Eltern durch die Beschaffung der notwendigen Papiere zu ermöglichen. Amerika, Schanghai – zu
spät. Am 2. Januar 1945 schreibt sie an Kurt Kesten:
»Wir haben nur verteufelte Nachrichten. Meine Mutter, von der ich schon Jahre nichts hoerte, wurde zuletzt in ein KZ nach Polen abtransportiert, wo sie ver-
mutlich zu Grunde gegangen ist. Rodis einstmals sehr
liebe und sehr schoene, mit mir seit der Jungmaedchen-
zeit befreundete Schwester, wurde gleichfalls mit Mann
und Kindern abtransportiert.«[181] Als Hitler aus der Welt
verschwunden, Deutschland geschlagen und zertrüm-
mert ist, erfährt Anna Seghers erst das ganze Ausmaß
der Tötungsmaschinerie, die zur Ermordung des europäischen Judentums geführt hat. »Schlechte und Teuf-
lische gibt es ueberall«, wird sie im Dezember 1947 in
einem Brief mit Blick auf Deutschland und die Deutschen schreiben, »aber eine so gleichmaessige Senkung
nicht nur des moralischen, des politischen usw. Ni-
veaus, sondern des gesamten Intellekts, ist wirklich ein
Phaenomen.«[182]

## 8. KAPITEL

# »Träume wirken manchmal realistischer als das Erlebte«

Nach 14-jährigem Exil betritt Anna Seghers im April 1947 wieder Deutschland. Sie macht zuvor kurz Station in New York und erreicht dann Schweden, wo sie vier glückliche Wochen verbringt. Über Paris kommt sie nach Berlin. Sie ist alleine. Rodi bleibt in Mexiko, die Kinder studieren in der französischen Hauptstadt. »Der Rodi ist noch nicht hier«, schreibt sie im Mai dem ehemaligen Kindermädchen im Berliner Vorkriegsheim der Radvanyis, »weil er vor den dortigen Ferien seinen Kurs nicht abrechen konnte. Er haengt auch furchtbar an seiner Arbeit. Ich brauche Dir nicht zu sagen, dass es mir lieber waere, mit meinen lieben Leutchen zusammen zu sein, aber wir sind im Augenblick alle getrennt, und ich kann nichts machen.«[183] Der Augenblick wird fünf Jahre dauern.

»Warum sie nach Deutschland zurückgekehrt sei, fragen wir Anna Seghers«, ist am 24. April in der Berliner »Tägliche(n) Rundschau« zu lesen. »Zögernd und jedes Wort wägend, erwidert sie: ›Sehen Sie, ich bin eine deutsche Schriftstellerin und in meiner Muttersprache kann ich am besten helfen, etwas Besseres aus dem Schutt zu machen.‹«[184] Sie wohnt zunächst für einige Wochen im weitgehend zerstörten Hotel Adlon und zieht dann in ein Gästehaus am Wannsee. In der hübschen Villa hat heute das Literarische Colloquium seinen Sitz. Ein paar Monate später findet sie im amerikanischen Sektor, in Zehlendorf, ein Pensionszimmer. 1950 meldet Anna Seghers ihren Wohnsitz in Ostberlin an und lebt wenige Wochen später in Berlin-Adlershof, Altheiderstraße 21. Adlershof gehört damals zum Bezirk Treptow. In der Nähe liegen der Sitz der Akademie der Wissenschaften und das DDR-Fernsehzentrum. 1955 zieht sie in die nahegelegene Volkswohlstraße 81 (heute Anna-Seghers-Straße). Dort wird sie 27 Jahre leben. Adlershof ist für sie Arbeitsstätte und zugleich privater Fluchtort vor den zahlreichen und zunehmend als anstrengend empfundenen offiziellen Verpflichtungen.

Die Wohnung ist nicht luxuriös, aber sie entspricht ganz ihren Bedürfnissen. Sie liegt im zweiten Stock: Vier Zimmer, bei sommerlichem Wetter steht die Schreibmaschine auf dem kleinen Balkon, der gekachelte Kamin strahlt an kalten Wintertagen eine gemütliche Wärme aus. Die umfangreiche Bibliothek und Bilder der Erinnerungen an Menschen und Länder schmücken die Wände. Unweit der Häuser beginnt ein Wäldchen, das zum Spaziergang einlädt, und das Stadtzentrum ist in einer halben Stunde zu erreichen.

In all den Jahren wird sie immer wieder viele Wochen Arbeits- oder Erholungsurlaube in der Sowjetunion, in der Tschechoslowakei, an verschiedenen Orten in der DDR und vor allem im Schloss Wiepersdorf machen, wo einst Achim und Bettina von Arnim lebten. In dem als Schriftstellerheim dienenden Haus, das zwei Stunden von Berlin entfernt liegt, entstehen zahlreiche Manuskripte. »Sie mochte das halb verfallene Aussehen des Schlosses, das ihm einen Hauch von Dornröschen-Schloß verlieh, in dem sie gern arbeitete und wir gemeinsam unsere Ferien verbrachten. Der große Garten im französischen Stil war allmählich verwildert, er stieß an einen Wald, in dem wir oft spazierengingen. Sie liebte die hohen Bäume, die Lichtungen und die Weite, die sich plötzlich auftat, wenn man an den Rand von Feldern kam.«[185]

Sie nutzt das Reiseprivileg, das ihr der Staat im Gegensatz zu den meisten Bürgern des Landes einräumt, intensiv. Denn Anna Seghers braucht die Begegnungen mit alten Freunden, die in Moskau oder Prag, Budapest oder Rio de Janeiro leben. Reisen nach China und Brasilien, die Urlaubsaufenthalte in Frankreich, Österreich, Finnland oder auf der Hohen Tatra – es sind glückliche Tage, wenn sie dem engen Alltag in der DDR entrinnen kann. Das gilt besonders für ihre vielen Aufenthalte in Paris, wo der Sohn und seine Familie und bald auch die Enkelkinder leben. Mit der »französischen Familie« verbringt sie in all den Jahren gemeinsame Urlaubswochen, und auch die Nähe der Tochter Ruth Radvanyi, die nach ihrem Studium als Kinderärztin in Berlin lebt, hilft über manchen dunklen Tag der Resignation und Einsamkeit hinweg.

Ilja Ehrenburg, der brasilianische Autor Jorge Amado, der chilenische Dichter Pablo Neruda, ihre russische Übersetzerin Tamara Motyljowa, der ungarische Literaturwissenschaftler Georg Lukács und natürlich bis zu seinem frühen Tod Egon Erwin Kisch – es wäre eine lange Reihe von ausländischen Freunden und Gefährten anzuführen, mit denen Anna Seghers sich eng verbunden fühlt und die zu ihren bevorzugten Briefpartnern gehören. Alte Mitstreiter aus der Exilzeit wie Lore Wolf, Bodo Uhse oder Bruno Frei gehören ebenfalls zu

*Anna Seghers und Christa Wolf 1975*

dem Kreis der Menschen, denen sie vertraut und zu denen sie den Kontakt nicht abbrechen lässt. Auch in ihrem Lebensort Berlin knüpft sie viele Beziehungen zu Menschen, denen sie politisch und menschlich zugeneigt ist. Später wird die 30 Jahre jüngere Christa Wolf dazu gehören.

Mit Trauer sieht sie nach ihrer Ankunft in Berlin die Trümmerlandschaften, die Deutschlands Städte nahezu unkenntlich gemacht haben. Sie beobachtet mit Entsetzen die Unfähigkeit der Deutschen, sich mit ihrer jüngsten Vergangenheit auseinanderzusetzen. »Die Menschen verstehen jeden Tag weniger, dass sie irgendwie, dass sie auch nur im geringsten Schuld haben sollen an dem

Hunger, den sie tatsaechlich haben.«[186] Schon vorher hält sie fest: »Fuer jemand, der von ausserhalb kommt, wirkt Deutschland oft fremder als die fremden Laender.«[187] Aber sie ist zunächst optimistisch: »Berlin ist aussen wie innen so kaputt, wie man es vorher gewusst hat. In einer schwer erklaerbaren und beschreibbaren Finsternis, die sich aber anders dartut als wir es uns vorstellen konnten, gibt es auch ein paar sehr helle Punkte. Zu denen gehoert das Wiedersehen mit Freunden, die diese Zeit trotz K. Z. und Deportation, trotzdem sie sich furchtbaren Gefahren aussetzten, gesund ueberstanden haben.«[188] Bald schlägt die Stimmung um. Schon im Juli schreibt sie dem in London lebenden Cousin Sally Cramer: »Im Augenblick bin ich garnicht lustig; jeder Dreck macht mir Muehe, den ich noch vor ein paar Wochen spielend erledigt habe. Ich habe auch keine Lust mehr, ›eine Frau allein‹ zu sein, und obwohl ich einen ganzen Haufen Menschen habe, hab ich zu gar niemand mehr Lust.«[189] Und als sie nach einem Besuch ihrer Kinder in Paris im Dezember 1947 wieder nach Berlin kommt, liest die vertraute Freundin Wolf die bitteren Sätze: »Ich habe sicher unrecht, aber bei jeder Rueckkehr bin ich fuer die Reise dadurch bestraft, dass ich die Menschen hier noch stumpfer, noch unentwickelter, noch traeger finde. Ich spreche dabei nicht einmal von politischen Anschauungen, ich habe das Gefuehl, dass sogar die Schweinehunde dort intelligenter und quicker waren.«[190] Die Distanz, das depressive Verhältnis zu Deutschland und den Deutschen wird bleiben. Im Juni 1948 lässt sie den Freund Georg Lukács wissen: »Ich habe das Gefuehl, ich bin in die Eiszeit geraten, so kalt kommt mir alles vor.«[191]

*Anna Seghers als Präsidentin des*
*DDR Schriftstellerverbandes mit Thomas Mann*
*während der Schiller-Ehrung 1955 in Weimar*

Anna Seghers wird sich trotz aller Stimmungsschwankungen für die DDR entscheiden. Sie spürt die Distanz zu Deutschland, und sie sieht mit wachsender Desillusionierung die Entwicklungen im sozialistischen Lager. Aber sie stellt sich mit Überzeugung in den Dienst des Landes, das von sich behauptet, ein »Arbeiter-und-Bauern-Staat« zu sein. Das Regime instrumentalisiert ihre Treue zum Sozialismus. Die Schriftstellerin – bald die weltberühmte »Grande Dame« der DDR-Literatur – wird zum kulturellen Aushängeschild ihres Staates. Von 1952 bis 1978 ist sie Vorsitzende des DDR-Schriftstellerverbandes und bis ins hohe Alter reist sie als Delegierte zu zahlreichen internationalen Kongressen nach Warschau und Prag, nach Moskau und Budapest, nach Stockholm und Paris. 1950 wird sie Mitglied des Weltfriedensrates. Für viele junge Intellektuelle, die ihre antifaschistische Vergangenheit zum Vorbild nehmen, ist sie eine überzeugende Vertreterin des »anderen« Deutschland. Ihre Bücher werden in hohen Auflagen gedruckt und einige Romane und Erzählungen in den DEFA-Studios verfilmt. Ihre wichtigsten Prosawerke erscheinen auch in der Bundesrepublik. Hier allerdings findet diese Autorin angesichts des Kalten Krieges erheblich weniger Leser als in der DDR. Als Kommunistin ist Anna Seghers für zahlreiche Bundesbürger zur Persona non grata geworden. Die Zeiten, als die Darmstädter Akademie für Sprache ihr den Büchner-Preis zuerkannte, gehören schon bald der Vergangenheit an. Die DDR und die Sowjetunion dagegen überhäufen sie mit Preisen und akademischen Ehrenwürden: 1951 Nationalpreis der DDR und Stalin-Friedenspreis; 1959 Ehrendoktorwürde der Universität

*Anna Seghers 1965 bei ihrer Lesung in Mainz*

Jena; 1960 Vaterländischer Verdienstorden in Gold; 1971 erneut der Nationalpreis ihres Staates, 1975 Ehrenbürgerschaft der Stadt (Ost-)Berlin und 1978 Ehrenpräsidentin des Schriftstellerverbandes auf Lebenszeit. Bald tragen Schulen und Volksbetriebe ihren Namen, ihre Lesungen, die sie immer wieder durch das eigene Land, aber auch in die Bundesrepublik – Bayreuth, München, Mainz, Hamburg, Westberlin – führen, sind überfüllt.

Anna Seghers verteidigt in der Öffentlichkeit den Staat, in dem sie lebt. Auf dem V. Schriftstellerkongreß im Mai 1961 hält sie das Hauptreferat: »Auf dem anderen Ufer der Zeit entstehen neue Städte, eine Gesellschaft ohne die alten Leiden und Seuchen und Kriege. Dabei entstehen auch unsere Bücher, Dramen, Gedichte, Romane, Hörspiele ... etwas haben sie alle gemeinsam:

was sie schreiben, das ist die erste Botschaft in deutscher Sprache über unser Leben auf dem anderen Ufer.«[192] So stark sich die Rednerin auch mit der »neuen sozialistischen« Literatur identifiziert, sie weiß zu differenzieren und unterwirft die Kunst nicht der geforderten politischen Ideologie: »Was ist Parteilichkeit in einem literarischen Werk, künstlerisch dargestellt? – Wenn sie nicht künstlerisch dargestellt wird, sondern nur von außen als politische Aussage montiert, wirkt sie innerhalb des Kunstwerkes nicht überzeugend.«[193]

In ihrem ureigenen Metier, der Literatur, weigert sich Anna Seghers das offizielle Feindbild der DDR zu übernehmen. So schätzt sie auch viele literarische Werke, die in der Bundesrepublik erscheinen. Ihre besondere Liebe gilt dem Werk von Heinrich Böll. Seinen Roman *Billard um halb zehn* lobt sie öffentlich, weil er »den wichtigsten Konfliktstoff unserer Zeit, den Konflikt zwischen Krieg und Frieden«,[194] darstellt. Krieg und Frieden sind denn auch die entscheidenden Stichworte für Anna Seghers' Engagement in ihren DDR-Jahren. Der Koreakrieg, die permanent drohende Atomapokalypse, der Vietnamkrieg – das sind die Alpträume dieser Schriftstellerin, und sie haben ihre gesellschaftspolitische Haltung in den letzten Lebensjahrzehnten stärker bestimmt als die immer sichtbarer scheiternden kommunistischen Utopien.

Sozialistischer Realismus, Bitterfelder Weg – den vielen ideologischen Kurswechseln der DDR-Kultur steht sie mit Skepsis gegenüber und spottet intern oder auf Sitzungen nicht selten über die absurden Kunstideen der Funktionäre. »Der sozialistische Realismus wird bejahend oder polemisch von Menschen erwähnt, die in Verlegenheit kommen, wenn man sie genau fragt, was das ist.«[195] Anna Seghers ist in diesen Jahren keine Opportunistin, und sie hat – jedenfalls gibt es dafür keinerlei Belege – niemandem durch Denunziation oder Schnüffeldienste für die Staatssicherheit geschadet. Im Gegenteil. Als das Theaterstück »Die Sorgen und die Macht« von Peter Hacks 1962 »wegen Verzerrung unserer sozialistischen Wirklichkeit« nach wenigen Aufführungen auf Anweisungen der Partei abgesetzt wird, äußert sich Anna Seghers in einem Artikel positiv über das Werk und seinen verfolgten Autor. Ulrich Plenzdorf, Anfang der siebziger Jahre vom Staat geächteter Außenseiter in der DDR-Literaturszene, erreichen die Zeilen: »›Die neuen Leiden des jungen W.‹ gefallen mir sehr gut.«[196] In der heftigen Auseinandersetzung, die 1977 der Veröffentlichung von Volker Brauns Prosatext »Unvollendete Geschichte« folgt, ruft Anna Seghers ihn sofort an und lobt den Text. Christa Wolf, deren Roman »Kindheitsmuster« Ärger auslöst, erhält ebenso wie der in Ungnade gefallene Dramatiker Heiner Müller ermutigende Unterstützung der Vorsitzenden des Schriftstellerverbandes. Die neue kritische DDR-Literatur, die sich nach dem 11. Plenum des Zentralkomitees der SED im Jahre 1965 – die Debatte bedeutet eine deprimierende ideologische Zensur in der Kulturpolitik der DDR – von den staatlichen Vorgaben emanzipiert, findet bei Anna Seghers Zustimmung.

Aber es gibt auch die Kehrseite: Sie irrt sich oft, weicht manchem notwendigen Schritt aus, kann sehr doktrinär werden, wenn sie den Verdacht hegt, hier werde die Politik der westlichen Friedensgegner unterstützt. Als Reiner Kunze 1976 wegen der Veröffentlichung seines

Buches »Die wunderbaren Jahre« in der Bundesrepublik aus dem Schriftstellerverband ausgeschlossen werden soll – was einem Berufsverbot gleich kommt –, lehnt sie es ab, sich für den Kollegen einzusetzen. »Wie man mir mitteilte, hat sich Kunze geweigert, gegen den Terror in Chile einzutreten. Er soll gesagt haben, daß er dieses Land nicht genug kennt, um sich darüber zu äußern. ... Vor allem diese Stellungnahme Kunzes hinderte mich, mich seinem Ausschluß zu widersetzen.«[197] Kunze hatte sich nie in diesem Sinne geäußert, und es wäre die Pflicht der Verbandspräsidentin gewesen, sich gegen die Ausgrenzung ihres Kollegen zu wehren.

Generell gilt, dass Anna Seghers nur sehr selten laut protestiert. Ein Grund dafür ist wohl, dass sie dem »Klassenfeind« im Westen keine Gelegenheit geben will, Äußerungen von ihr gegen die DDR zu verwenden. Wer sich nicht einäugig an die Jahre des Kalten Krieges zurückerinnert, weiß, wie sehr auch Politik und Medien in der Bundesrepublik die Wirklichkeit überaus einseitig interpretierten und jede Anmerkung aus dem Munde von DDR-Intellektuellen sofort für die eigene Sache reklamierten. Die Lebenserfahrung hat Anna Seghers zudem gelehrt, dass interne Einmischung, die der anderen Seite die Chance gibt, nicht das Gesicht zu verlieren, unter Umständen erfolgreicher sein kann als der laute Protest. So hat sie bei Ulbricht und Honecker oder bei den verschiedenen Ministerien interveniert, sich gegen ideologische Verfolgungen und Verurteilungen von Schriftstellerkollegen, Lektoren oder Verlagsleitern gewehrt. Als Präsidentin des Schriftstellerverbandes hat sie die schwierige Gratwanderung zwischen den ideologischen Anmaßungen des Staates und der

Forderung nach künstlerischer Unabhängigkeit der Verbandsmitglieder immer wieder mit klugem Pragmatismus zu bestehen versucht. Jedenfalls ist sie in diesem Amt nie eine kalte Erfüllungsgehilfin des Staates und seiner Sicherheitsorgane gewesen, wie es dann ihr Nachfolger Hermann Kant sein wird.

Walter Janka, Leiter des Aufbau-Verlages und 1956 im Zusammenhang mit den Ereignissen in Ungarn in einem Schauprozess zu einer langjährigen Zuchthausstrafe verurteilt, schreibt in seinen nach der Wende veröffentlichten Erinnerungen anklagend, Anna Seghers habe – wie andere Intellektuelle auch – auf Anweisung der Regierung an einem der Verhandlungstage im Gerichtssaal gesessen und geschwiegen. Kaum etwas anderes hat das Bild der Schriftstellerin in der Zeit nach der Wende stärker verdunkelt als diese Anmerkung Jankas. Zu Unrecht. Es wäre völlig sinnlos gewesen, sich im Zuschauerraum kritisch zu dem Prozess zu äußern. »Ein Aufbegehren im Gerichtssaal mit seinen sorgsam ausgewählten Gästen, abgeschirmt von der Öffentlichkeit«, schreibt der Schriftsteller Erich Loest, »wäre eine Geste gewesen. Im nachhinein machte sie sich gewiß gut. Bewirkt hätte sie gar nichts.«[198] Auch eine öffentliche Justizschelte jenseits des Gerichtssaals hätte an dem Urteil nichts geändert. Aber Anna Seghers hat sich im Innenministerium, möglicherweise auch bei Ulbricht, für Janka eingesetzt und ihm nach seiner Entlassung eine Anstellung bei der DEFA (Deutsche Film AG) vermittelt. Sie besteht auch darauf, dass er am Drehbuch für die Verfilmung des Romans *Die Toten bleiben jung* beteiligt wird. Nach den schweren Zuchthausjahren hält Janka freundschaftlichen Kontakt zur ehemaligen Gefährtin im mexikanischen Exil, ohne irgendein Ressentiment zu zeigen. Seine späte Kritik ist nur schwer nachvollziehbar. Auch seine Behauptung, dass Anna Seghers nach seiner Entlassung »mit keiner Silbe auf den Prozeß zu sprechen kam«[199], klingt eher nach später Verbitterung. Janka ist im Übrigen bis zu seinem Tod ein ziemlich orthodoxer Kommunist geblieben und hat – was er nun Anna Seghers vorwirft – selbst zu den zahlreichen Schauprozessen geschwiegen, die im Laufe seines Lebens von Kommunisten inszeniert worden sind.

Nicht zu übersehen ist, dass Anna Seghers sich mit ihrer so lange gehegten Hoffnung auf eine sozialistische und gerechte Zukunft vielfach getäuscht und dazu manches gesagt und geschrieben hat, was angesichts der Wirklichkeit unhaltbar war. Als Verbandsfunktionärin vertritt sie in ihren Stellungnahmen häufig die offizielle Partei- und Regierungsmeinung. Aber ihr Schweigen in der Öffentlichkeit kann ihre humanistische Grundhaltung, die sie in internen und halböffentlichen Debatten immer wieder gezeigt hat, nicht vergessen machen. »Träume wirken manchmal realistischer als das Erlebte«[200], schreibt sie in einem Brief aus dem Jahr 1968. Eine Wahrheit, die nicht nur, aber auch für ihr Leben Gültigkeit besitzt.

Denn gegenüber den politisch tiefgreifenden Ereignissen in der DDR und in den Staaten des Warschauer Paktes hat sie sich ähnlich verhalten wie zu den sich permanent verändernden Richtungsdebatten in der Kulturpolitik. Mit Blick auf den 17. Juni 1953 macht sie in ihrem Roman *Das Vertrauen* die »Konterrevolution« für die Eskalation des Geschehens verantwortlich. Was

sicher die Wirklichkeit des massenhaften Arbeiter-
protestes und der anschließenden Terrorurteile gegen
zahlreiche Teilnehmer nicht trifft. Die Rede Chruscht-
schows auf dem XX. Parteitag der KPdSU im Februar 1956, in der der Kremlchef mit dem Stalinismus
abrechnet, erschüttern ihren Glauben an die sozialistische Gerechtigkeit. Ihre literarischen Texte werden
künftig immer wieder – mehr oder weniger verschlüs-
selt – diese Thematik umkreisen. Die kaltschnäuzige
Niederschlagung des Ungarn-Aufstandes im Oktober
des gleichen Jahres erfüllt sie mit tiefer Resignation.
Offiziell aber stellt sie sich in einem Zeitungsartikel
hinter die Darstellungen des Regimes.

Politisch sind es für Anna Seghers schlimme Jahre. In
Polen kommt es zu Protesten gegen die kommunistische Führung, ein Bürgerkrieg droht. In Prag scheitert
1968 der Versuch, einen Sozialismus mit menschlichem
Antlitz zu etablieren. Als der DDR-Schriftstellerver-
band mit Blick auf die tschechoslowakischen Ereignisse
eine Solidaritätserklärung zugunsten der Regierungen
des Warschauer Paktes veröffentlicht, fehlt die Unter-
schrift von Anna Seghers. Den Mauerbau von 1961 – sie
erfährt davon auf einer Reise durch Brasilien – deutet
sie als notwendige Maßnahme, um einen Krieg zwischen den beiden Blöcken zu verhindern. Die Ausbür-
gerung des Liedersängers Wolf Biermann im Herbst
1976 – sie bringt einen tiefen Einschnitt in das Verhältnis des Staates zu seinen Intellektuellen – verurteilt sie,
lehnt aber eine Protestveröffentlichung in den westlichen Medien ab. Als die Unterzeichner des Protest-
briefes auf Anweisung der Partei aus dem Schriftstellerverband ausgeschlossen werden sollen, setzt sich seine

Präsidentin erfolgreich gegen diese »Bestrafung« ein. »Viel Kummer hat mir das alles gemacht.«[201]

Pierre Radvanyi überliefert eine Bemerkung seiner Mutter aus den 60er-Jahren, die andeutet, wie resignierend diese die politischen Entwicklungen zu sehen beginnt. »Findest Du nicht, daß der Elan verloren gegangen ist? Der Schwung und die Begeisterung der früheren Jahre ist nicht mehr da.«[202] Erich Loest, der wegen regimekritischer Äußerungen siebeneinhalb schwere Zuchthausjahre in Bautzen verbringen musste, hat nach der Wende ein Urteil über das politische Verhalten von Anna Seghers gefällt, das weder die Zeit, in der sie lebte, ausklammert, noch den Menschen übersieht, der an die Errichtung einer friedlichen und gerechten Welt geglaubt hat: »Der kalte Krieg, frostklirrend, konnte jeden Tag in den Schießkrieg umschlagen. Zwei Blöcke standen sich atomwaffenstarrend gegenüber, der Riß durch die Welt ging mitten durch Berlin. Es gab keinen dritten Weg, schon gar nicht für Anna Seghers. Die Flucht in eine westliche Öffentlichkeit hätte den Bruch mit ihrer Vergangenheit, ihrer Partei, ihrer Philosophie, ihrer Erfahrung und allen ihren Freunden, mit ihren Büchern und – immer noch – Hoffnungen bedeutet. Sie war nicht blind und taub über die Stalinschen Hexenprozesse hinweggegangen, sie litt im Zwiespalt wie alle ihre Gefährten. Der Hitler-Stalin-Pakt hatte Spalten in ihr Lebensbild geschlagen, aber zum Bersten war es nicht gekommen.«[203]

1990 wird der Text einer Fragment gebliebenen Erzählung von Anna Seghers veröffentlicht – *Der gerechte Richter*. Er weist eindrucksvoll darauf hin, dass die Autorin den Justizterror in den kommunistischen Staaten sehr klar erkennt. Die ersten Pläne für diese Erzählung entwickelt sie nach dem XX. Parteitag der KPdSU, und es ist ein weiterer literarischer Versuch, die »verratene Revolution« zu thematisieren. Der fest an die Gerechtigkeit der Justiz in seinem sozialistischen Staat glaubende Untersuchungsrichter Jan weigert sich, der Forderung seiner Vorgesetzten nachzugeben und einen unschuldigen Spanienkämpfer wegen angeblicher Spionagetätigkeit zu verurteilen. Sein starres Beharren auf das Recht bringt ihn selbst in ein Straflager. »Und dann, dann kam, wie heißt es, die Verwirklichung unseres Traumes, und nicht nur unseres, uralter Menschenträume. Und dann geschieht uns, was wir erlebten, man sperrt uns ein mit Räubern und Dieben. Wer? Warum? Und bei dem Befehl uns einzusperren, gehorcht der Nächsthohe dem Höhern.«[204] In dieser Erzählung schildert Anna Seghers eine sozialistische Wirklichkeit, als spiele ihre Geschichte in einer faschistischen Diktatur. Allerdings verkennt sie auch hier, dass die von ihr beschriebene Staatswillkür systemimmanent ist. Denn sie lässt Jan die Schuld an dem schreienden Unrecht auf eine einzige Person schieben, auf Stalin. »Wovon sprichst du? Von einem einzelnen Mann? In einem einzelnen Mann habe ich mich bös geirrt. Ich täte ihm einen Gefallen, wenn ich deshalb verzweifeln würde.«[205] Immerhin, dieser Text lässt ahnen, in welchem Zwiespalt Anna Seghers in diesen Jahren hat leben müssen.

Der DDR-Staat ist in all diesen Jahrzehnten seiner berühmtesten Autorin gegenüber misstrauisch geblieben. Darüber können die zahlreichen offiziellen Lobpreisungen nicht hinwegtäuschen. Die Stasi-Akte der

Anna Seghers ist umfangreich, und sie weist aus, dass sie ständig beobachtet und von den Informanten beurteilt worden ist. 1950 hat sie die Partei unter Druck gesetzt, ihre mexikanische Staatsangehörigkeit aufzugeben, was ihre künftigen Reiseaktivitäten völlig vom guten Willen der Behörden abhängig machte. Vielsagend in diesem Zusammenhang ist eine Notiz von Bertolt Brecht aus der Zeit unmittelbar nach ihrer Ankunft in Berlin: »anna seghers, weißhaarig, aber das schöne gesicht frisch. ... sie scheint verängstigt durch die intrigen, verdächte, bespitzelungen.«[206] Von diesen Ängsten hat sich Anna Seghers auch in der Zeit nach dem Ende der stalinistischen Ära nie ganz frei machen können.

In ihren DDR-Jahren erscheinen zahlreiche Erzählungen, darunter nicht wenige, die zu ihrer schönsten Prosa zählen. Andere unterliegen einem didaktisch-politischen Wollen, das ihre literarische Qualität beschädigt. Die beiden Romane aus dieser Zeit – *Die Entscheidung* (1959) und *Das Vertrauen* (1968) – beschäftigen sich mit Menschen, die sich in einer polarisierten Welt entscheiden müssen. Auch in diesen Büchern findet der Leser einige wunderbare Passagen, aber im Ganzen gehören sie zweifellos zum schwächeren Teil ihres Werkes. Zu fremd ist Anna Seghers die Welt der Arbeiter und kleinen Angestellten, von deren Leben und politischem Denken sie zu erzählen versucht, zu stark rücken die politischen Intentionen in den Vordergrund. Utopie und reale Welt werden hier in einer Übereinstimmung dargestellt, die jenseits aller Wirklichkeit liegt. Der westdeutsche Literaturwissenschaftler Heinz Lud-

wig Arnold nennt die beiden Romane schlicht »system-
treue und menschenferne Propagandaschriften«.[207]

Im ersten der beiden Romane, der in West- und Ost-
deutschland, in Frankreich sowie in Süd- und Nord-
amerika spielt, geht es um den Wiederaufbau eines
Stahlwerkes in der DDR, dessen Fertigstellung durch
die von amerikanischen Agenten erfolgte Abwerbung
qualifizierter Ingenieure gefährdet ist. Das Happy End
bewirken schließlich das Eingreifen eines Parteisekre-
tärs und der Appell zum sozialistischen Wettbewerb.
Der Versuch der Autorin, sehr einseitig moralische Mo-
tive im Vergleich des sozialistischen Ostens mit dem
kapitalistischen Westen anzuführen, misslingt vor allem, weil hier allzu klischeehafte Argumente des Kalten
Krieges bemüht werden. Ihr letzter Roman, *Das Vertrauen,* spielt in der Zeit zwischen Stalins Tod und dem
Arbeiteraufstand vom 17. Juni 1953. Wieder geht es um
das Stahlwerk Kossin, und es tauchen erneut die schon
aus der *Entscheidung* bekannten Personen auf. Anna
Seghers sucht auf indirekte Weise nach Antworten auf
Themen, die nach Stalins Tod immer stärker in den
Vordergrund der Debatten im Ostblock rücken: der
Terror in den Schauprozessen und der Personenkult
um den roten Zaren, der diese Verbrechen befahl. In
der Darstellung der Hintergründe des Aufstandes vom
17. Juni weicht sie kaum von der offiziellen DDR-Pro-
paganda ab. Der Roman erscheint in dem Augenblick,
als die Hoffnungen, die sich an den Prager Frühling geknüpft haben, durch die Panzer der Warschauer Pakt-
Staaten brutal zerstört werden. Anna Seghers blendet
in ihren beiden letzten Romanen die Konflikte zwischen SED-Staat und vielen seiner Bürger nicht aus.

Aber auch in diesem Punkt gelingt ihr nicht der Durchbruch zu der Realität in der DDR, mit der die große Mehrheit der Menschen im Land in ihrem Alltag konfrontiert wird.

Einsamkeit, Krankheit und Resignation begleiten die letzten Lebensjahre der Anna Seghers. Seit Mitte der Fünfzigerjahre leidet sie immer stärker unter den Nachwirkungen ihres Unfalls in Mexiko. Die Aufenthalte in Sanatorien und Krankenhäusern häufen sich. Schwindelanfälle, verschiedene Operationen, Knochenbrüche, Konzentrationsschwierigkeiten – sie spürt das Alter, aber auch das Übermaß an offiziellen Verpflichtungen immer deutlicher. In ihren Briefen an vertraute Freunde klagt sie über Erschöpfung und Müdigkeit. »Ich habe große Sehnsucht nach einer besonderen Art von Welt, in der man arbeiten und atmen und sich manchmal wie verrückt freuen kann. Das ist im Augenblick ziemlich selten«[208], heißt es schon in einem Brief von 1957. Nach ihrer Rückkehr von einer Reise in das sonnige Brasilien bittet sie einen ihrer Briefpartner 1964: »Schreiben Sie bitte alles mögliche, Gutes und Schlechtes, Lustiges und Trauriges, aber bitte im ganzen mehr Gutes und Lustiges, also positiv, positiv. Denn ich bin so müde und kaputt gearbeitet und der graue November drückt so auf mir herum, dass ich davon ganz genug habe.«[209]

Rodi, der geliebte Mann und unentbehrliche Gefährte, stirbt 1978. »Mir ist alles egal geworden«, schreibt sie im September 1981 an die Freundin Lore Wolf, »ob ich im Krankenhaus bin oder ob ich daheim bin.«[210] Die Altersbilder lassen die intelligente Schönheit ihrer Züge immer noch erkennen. Ihr Lachen bleibt ansteckend.

*Anna Seghers am 2. Dezember 1975*

Nur ganz am Ende zeigen die Bilder den nahenden Tod. Die 82-Jährige im Krankenstuhl des Pflegeheims in Berlin-Friedrichshagen: das spitze Gesicht, die dünnen Hände, der ins Leere gehende Blick. Am 1. Juni 1983 stirbt Anna Seghers.

Jenseits aller Mauern und Grenzen bleibt Mainz für sie auch im hohen Alter die »richtige Heimat«[211]. Unvergessen und geliebt, was auch immer ihrer Familie dort angetan worden ist. »Ich hätte Ihnen gerne einen langen Brief geschrieben«, lässt sie den Mainzer Oberbürgermeister Jockel Fuchs im Dezember 1981 wissen, »in dem sichtbar wird, warum ich mit solcher Verbundenheit an der Stadt Mainz hänge ...«[212]

1954 besucht sie ihre Geburtsstadt zum ersten Mal nach dem Krieg. 1965 liest sie dort wieder, und der Besucherandrang ist heftig. Mancher Brief geht in all diesen Jahren an eine Mainzer Adresse. Als ihr eine Delegation der Stadt unter Leitung von Oberbürgermeister Fuchs 1981 in ihrer Adlershofer Wohnung die Ehrenbürgerwürde überreicht, bedankt sie sich humorvoll und sichtbar gerührt im schönsten Mainzer Dialekt für diese Ehrung.

Anna Seghers ist in all den Jahrzehnten, die sie in der Fremde lebte, immer auf der Suche nach der verlorenen Zeit geblieben, die sie unlösbar mit der Stadt ihrer Jugend verband: »Ich konnte das Grün im Garten jetzt riechen, das immer frischer und üppiger wurde, je länger ich hinsah. Das Knarren wurde bald deutlicher, und ich sah in dem Gebüsch, das immer dichter und saftiger wurde, ein gleichmäßiges Auf und Ab von einer Schaukel oder von einem Wipp-Brett. Jetzt war meine Neu-

*Verleihung der Ehrenbürgerwürde der Stadt Mainz an Anna*
*Seghers am 22. November 1981 in Berlin-Adlershof mit*
*(v. l. n. r.): Hannelore Fuchs, Anna Seghers, Dr. Günter Storch*
*(FDP-Fraktion), dem Mainzer Oberbürgermeister Jockel Fuchs,*
*Hermann-Hartmut Weyel (SPD-Fraktion), Staatssekretär Klaus*
*Bölling (Ständiger Vertreter der Bundesrepublik in der DDR),*
*Dr. Anton Maria Keim (Kulturdezernent), Prof. Dr. Manfred*
*Harder (Präsident der Johannes-Gutenberg-Universität Mainz)*
*und Klaus Höpke (stellvertretender Kulturminister der DDR)*

gier wach, sodaß ich durch das Tor lief auf die Schaukel
zu. Im selben Augenblick rief jemand: ›Netty‹! Mit diesem Namen hatte mich seit der Schulzeit niemand mehr
gerufen. Ich hatte gelernt, auf alle die guten und bösen
Namen zu hören, mit denen mich Freunde und Feinde
zu rufen pflegten, die Namen, die man mir in vielen
Jahren in Straßen, Versammlungen, Festen, nächtlichen
Zimmern, Polizeiverhören, Büchertiteln, Zeitungsberichten, Protokollen und Pässen beigelegt hatte. Ich
hatte sogar, als ich krank und besinnungslos lag, manch-

mal auf jenen alten frühen Namen gehofft, doch der Name blieb verloren, von dem ich in Selbsttäuschung glaubte, er könnte mich wieder gesund machen, jung, lustig, bereit zu dem alten Leben mit den alten Gefährten, das unwiderbringlich verloren war. Beim Klang meines alten Namens packte ich vor Bestürzung, obwohl man mich immer in der Klasse wegen dieser Bewegung verspottet hatte, mit beiden Fäusten nach meinen Zöpfen. ... Dann verstand ich klar, die Christofs-Kirche konnte unmöglich bei einem nächtlichen Fliegerangriff zerstört worden sein, denn wir hörten ihr Abendläuten. Ich hatte mich überhaupt umsonst gegraut, auf diesem Weg heimzugehen, weil sich mir im Gedächtnis festgehakt hatte, dieser mittlere Stadtstreifen sei völlig von Bomben zerstört. ... Doch die Häuser, die Treppen, der Brunnen standen wie immer.«[213]
So träumte sich eine Dichterin in wundersamen Sätzen aus der Wirklichkeit, weil sie die Schönheit der Welt und die Menschen geliebt hat.

# ANMERKUNGEN

1   Anna Seghers: Briefe 1953–1983. Berlin 2010, S. 77.
2   Anna Seghers: Briefe 1924–1952. Berlin 2008, S. 144.
3   Ebd., S. 144.
4   Anna Seghers: Der Ausflug der toten Mädchen. In: dies.: Er-
    zählungen 1933–1947. Berlin 2011, S. 143.
5   Seghers: Briefe 1953–1983, S. 229.
6   Seghers: Erzählungen 1933–1947, S. 201.
7   Ebd., S. 223.
8   Frank Wagner u. a. (Hrsg.): Anna Seghers. Eine Biographie in
    Bildern. Berlin und Weimar 1994, S. 15.
9   Seghers: Der Ausflug der toten Mädchen, S. 222 f.
10  Anna Seghers: Das siebte Kreuz. Roman. 31., durchgesehene
    Aufl. Berlin 2009, S. 12–14.
11  Ebd., S. 14.
12  Ebd., S. 15.
13  Ebd.
14  Christa Wolf/Anna Seghers: Das dicht besetzte Leben. Brie-
    fe, Gespräche und Essays. Berlin 2003, S. 90.
15  Wagner u. a. (Hrsg.): Anna Seghers, S. 233.
16  Ebd., S. 233.
17  Ebd., S. 237.
18  Seghers: Briefe 1924–1952, S. 258.
19  Ebd., S. 146.
20  Anna Seghers: Briefe an Leser. Berlin und Weimar 1970, S. 11.
21  Peter Roos und Friderike J. Hassauer-Roos (Hrsg.): Anna
    Seghers. Materialienbuch. Darmstadt und Neuwied 1977,
    S. 153
22  Anna Seghers: Und ich brauch doch so schrecklich Freude.
    Tagebuch 1924/1925. Berlin 2003, S. 19.
23  Anna Seghers: Zwei Denkmäler. In: Klaus Wagenbach
    (Hrsg.): Atlas. Deutsche Autoren über ihren Ort. Berlin
    2004, S. 220.
24  Wagner u. a. (Hrsg.): Anna Seghers, S. 12.
25  Seghers: Das siebte Kreuz, S. 74.
26  Wagner u. a. (Hrsg.): Anna Seghers, S. 12.

27    Johann Wolfgang von Goethe: Briefe. Hamburger Ausgabe in 4 Bänden. Hamburg 1965. III. Band, S. 312.

28    Georg Forster: Ansichten vom Niederrhein. In: Forsters Werke in zwei Bänden. Berlin und Weimar 1983. Zweiter Band, S. 17.

29    Franz Dumont u. a. (Hrsg.): Mainz. Die Geschichte der Stadt. Mainz 1998, S. 1189.

30    Heinrich Heine: Deutschland. Ein Wintermärchen. In: ders.: Sämtliche Schriften. Vierter Band. München 1971, S. 587.

31    Carl Zuckmayer: Als wär's ein Stück von mir. Horen der Freundschaft. Frankfurt am Main 1966, S. 128.

32    Ebd., S. 129.

33    Karl Wolfskehl: Zehn Jahre Exil. Briefe aus Neuseeland 1938–1948. Heidelberg/Darmstadt 1959, S. 323.

34    Sonja Hilzinger: Elisabeth Langgässer. Eine Biographie. Berlin 2009, S. 13.

35    Peter Roos und Friderike J. Hassauer-Roos (Hrsg.): Anna Seghers, S. 152.

36    Friedrich Schütz: Die Familie Seghers-Reiling und das jüdische Mainz. In: Argonautenschiff. Jahrbuch der Anna Seghers-Gesellschaft Berlin und Mainz e. V. Band 2, 1993, S. 156.

37    Achim Roscher: Im Gespräch mit Anna Seghers. In: Eberhard Günther: Positionen 1. Wortmeldungen zur DDR-Literatur. Halle – Leipzig 1984, S. 152.

38    Schütz: Die Familie Seghers-Reiling, S. 160.

39    Dumont u. a. (Hrsg.): Mainz. Die Geschichte der Stadt, S. 685.

40    Anton Keim (Hrsg.): Tagebuch einer jüdischen Gemeinde 1941/43. Mainz 1968, S. 13.

41    Wagner u. a. (Hrsg.): Anna Seghers, S. 12.

42    Anna Seghers: Abschied vom Heinrich-Heine-Club. In: dies.: Aufsätze, Ansprachen, Essays 1927–1953. Berlin und Weimar 1984, S. 204 ff.

43    Peter Roos und Friderike J. Hassauer-Roos (Hrsg): Anna Seghers, S. 34.

44    Anna Seghers: Über die Entstehung des neuen Menschen. In: dies.: Aufsätze, Ansprachen, Essays 1927–1953, S. 349.

45    Zitiert nach Jörg Bernhard Bilke: Die Revolutionsthematik in der frühen Prosa von Anna Seghers (1927–1932). Wiesbaden 1979, S. 7.

46    Wagner u. a. (Hrsg.): Anna Seghers, S. 22.

47  Anna Seghers: Wer war das eigentlich? In: dies.: Aufsätze, Ansprachen, Essays 1927–1953, S. 24.

48  Seghers: Briefe 1953–1983, S. 311.

49  Seghers: Briefe 1924–1952, S. 59 f.

50  Steffie Spira-Ruschin: Trab der Schaukelpferde. Aufzeichnungen im nachhinein. Berlin und Weimar 1984, S. 214 f.

51  Christa Wolf/Anna Seghers: Das dicht besetzte Leben, S. 62.

52  Seghers: Briefe 1924–1952, S. 161.

53  Ebd., S. 269.

54  Ebd., S. 298.

55  Ebd., S. 175.

56  Seghers: Briefe 1953–1983, S. 29 f.

57  Interview mit Wilhelm von Sternburg für die Fernsehdokumentation: »Ich bin in die Eiszeit geraten«. Anna Seghers zum 100. Geburtstag. Ausgestrahlt im November 2000 in der ARD.

58  Peter Roos und Friderike J. Hassauer-Roos (Hrsg.): Anna Seghers, S. 152.

59  Roscher: Im Gespräch mit Anna Seghers, S. 142.

60  Seghers: Briefe 1953–1983, S. 346.

61  Christa Wolf/Anna Seghers: Das dicht besetzte Leben, S. 86.

62  Pierre Radvanyi: Jenseits des Stroms. Erinnerungen an meine Mutter Anna Seghers. Berlin 2005, S. 10.

63  Wagner u. a. (Hrsg.): Anna Seghers, S. 19.

64  Seghers: Briefe 1953–1983, S. 41.

65  Roscher: Im Gespräch mit Anna Seghers, S. 152 f.

66  Seghers: Briefe 1953–1983, S. 229.

67  Roscher: Im Gespräch mit Anna Seghers, S. 142.

68  Ebd., S. 142.

69  Sigrid Bock: Der Weg führt nach St. Barbara. Die Verwandlung der Netty Reiling in Anna Seghers. Berlin 2008, S. 53.

70  Roscher: Im Gespräch mit Anna Seghers, S. 143.

71  Ebd., S. 143.

72  Ebd., S. 153.

73  Ebd., S. 153.

74  Ebd., S. 148.

75  Anna Seghers: Erzählungen 1967–1980. Berlin 2005, S. 187 f.

76  Seghers: Briefe 1953–1983, S. 222.

77  Ebd., S. 234.

78  Christa Wolf/Anna Seghers: Das dicht besetzte Leben, S. 88.

79    Bock: Der Weg führt nach St. Barbara, S. 58.

80    Wagner u. a. (Hrsg.): Anna Seghers, S. 22.

81    Seghers: Erzählungen 1933–1947, S. 127.

82    Wagner u. a. (Hrsg.): Anna Seghers, S. 22.

83    Seghers: Zwei Denkmäler, S. 220.

84    Peter Roos und Friderike J. Hassauer-Roos (Hrsg.): Anna Seghers, S. 153.

85    Frank Wagner u. a. (Hrsg.): Anna Seghers, S. 22.

86    Anna Seghers: Gespräche und Interviews (hier mit Wilhelm Girnus). In: dies.: Aufsätze. Ansprachen. Essays 1954–1979. Berlin und Weimar 1984, S. 433.

87    Ebd., S. 432 f.

88    Peter Roos und Friderike J. Hassauer-Roos (Hrsg.): Anna Seghers, S. 153.

89    Wagner u. a. (Hrsg.): Anna Seghers, S. 28.

90    Ebd., S. 28.

91    Roscher: Im Gespräch mit Anna Seghers, S. 143 f.

92    Bock: Der Weg führt nach St. Barbara, S. 90.

93    Roscher: Im Gespräch mit Anna Seghers, S. 144.

94    Ebd., S. 143.

95    Carl Zuckmayer: Grußwort. In: Walter Heist (Hrsg.): Anna Seghers in Mainz. Mainz 1973, S. 11.

96    Radvanyi: Jenseits des Stroms, S. 8.

97    Wagner u. a. (Hrsg.): Anna Seghers, S. 44.

98    Spira-Ruschin: Trab der Schaukelpferde, S. 224.

99    Ebd., S. 220 f.

100   Alexandra Kollontai: Die Wege der Liebe. Drei Erzählungen. Berlin 1982, S. 276.

101   Seghers: Briefe 1924–1952, S. 249.

102   Seghers: Und ich brauch doch so schrecklich Freude, S. 28.

103   Seghers: Briefe 1953–1983, S. 344.

104   Radvanyi: Jenseits des Stroms, S. 8.

105   Seghers: Und ich brauch doch so schrecklich Freude, S. 31.

106   Ebd., S. 21.

107   Ebd., S. 25.

108   Ebd., S. 26

109   Wolf: Die Dissertation der Netty Reiling. In: Christa Wolf/ Anna Seghers: Das dicht besetzte Leben, S. 146.

110   Peter Roos und Friderike J. Hassauer-Roos (Hrsg.): Anna Seghers, S. 154.

111   Seghers: Und ich brauch doch so schrecklich Freude, S. 31 f.
112   Anna Seghers: Erinnerungen an Philipp Schaeffer. In: dies.:
      Aufsätze, Ansprachen, Essays 1954–1979, S. 387 f.
113   Netty Reiling (Anna Seghers): Jude und Judentum im Werke
      Rembrandts. Leipzig 1990, S. 24.
114   Ebd., S. 25.
115   Ebd., S. 58.
116   Roscher: Im Gespräch mit Anna Seghers, S. 150.
117   Wolf: Die Dissertation der Netty Reiling. In: Christa Wolf/
      Anna Seghers: Das dicht besetzte Leben, S. 147.
118   Seghers: Und ich brauch doch so schrecklich Freude, S. 18.
119   Ebd., S. 18.
120   Ebd., S. 22.
121   Ebd., S. 15.
122   Ebd., S. 26.
123   Ebd., S. 27.
124   Ebd., S. 32.
125   Ebd.
126   Ebd., S. 31.
127   Ebd., S. 7.
128   Ebd., S. 12.
129   Ebd.
130   Ebd., S. 13 f.
131   Christiane Zehl Romero: Nachwort. In: Seghers: Und ich
      brauch doch so schrecklich Freude, S. 92.
132   Seghers: Briefe 1924–1952, S. 5.
133   Ebd., S. 8.
134   Seghers: Und ich brauch doch so schrecklich Freude, S. 26.
135   Anna Seghers: Selbstanzeige. In: dies.: Aufsätze, Ansprachen,
      Essays 1927–1953, S. 7.
136   Seghers: Briefe 1953–1983, S. 263.
137   Anna Seghers: Der Aufstand der Fischer von St. Barbara.
      Berlin 2002, S. 5.
138   Christiane Zehl Romero: Anna Seghers. Eine Biographie
      1900–1947. Berlin 2000, S. 213 f.
139   Roscher: Im Gespräch mit Anna Seghers, S. 154 f.
140   Anna Seghers: Der Kopflohn/Der Weg durch den Februar.
      Berlin und Weimar 1976, S. 226.
141   Anna Seghers: Selbstanzeige. In: dies.: Aufsätze. Ansprachen.
      Essays 1927–1953, S. 7.

142 Roscher: Wirklichkeit und Phantasie. Fragen an Anna Seghers. In: Roscher: Also fragen Sie mich! Gespräche. Halle – Leipzig 1983, S. 57.

143 Seghers: Aufsätze. Ansprachen. Essays 1927–1953, S. 31 f.

144 Roscher: Wirklichkeit und Phantasie, S. 57.

145 Ebd., S. 57 f.

146 Christa Wolf: Im Widerspruch. Zum hundertsten Geburtstag von Anna Seghers. In: Christa Wolf/Anna Seghers: Das dicht besetzte Leben, S. 175 f.

147 Radvanyi: Jenseits des Stroms, S. 17 f.

148 Seghers: Transit, S. 30.

149 Radvanyi: Jenseits des Stroms, S. 25 f.

150 Ebd., S. 33.

151 Zitiert nach Sonja Hilzinger (Hg.): »Das siebte Kreuz« von Anna Seghers. Texte, Daten, Bilder. Frankfurt am Main 1990, S. 107.

152 Dieter Schiller u. a. (Hrsg.): Exil in Frankreich. Frankfurt am Main 1981, S. 209.

153 Golo Mann: Erinnerungen und Gedanken. Lehrjahre in Frankreich. Frankfurt am Main 1999, S. 92.

154 Bruno Frei: Der Papiersäbel. Autobiographie. Frankfurt am Main 1972, S. 194.

155 Anna Seghers: Vaterlandsliebe. In: dies.: Aufsätze, Ansprachen, Essays 1927–1953, S. 36 f.

156 Ebd., S. 34.

157 Ebd., S. 40.

158 Radvanyi: Jenseits des Stroms, S. 42.

159 Frank Wagner u. a. (Hrsg.): Anna Seghers, S. 94.

160 Ilja Ehrenburg: Memoiren. Menschen – Jahre – Leben II. 1923–1941. München 1965, S. 586.

161 Seghers: Briefe 1924–1952, S. 459.

162 Seghers: Transit, S. 46.

163 Hans-Albert Walter: Anna Seghers' Metamorphosen. Transit – Erkundungsversuche in einem Labyrinth. Frankfurt am Main 1984, S. 144.

164 Seghers: Transit, S. 276.

165 Anna Seghers: Über Kunstwerk und Wirklichkeit. Bd. II. Hrsg. von Sigrid Bock. Berlin 1971, S. 16.

166 Seghers: Das siebte Kreuz, S. 332.

167 Ebd., S. 408.

168    Seghers: Briefe 1953–1983, S. 222.
169    Bertolt Brecht: Arbeitsjournal. Zweiter Band 1942 bis 1955.
       Frankfurt am Main 1973, S. 697.
170    Carl Zuckmayer: Geheimreport. Göttingen 2002, S. 471.
171    Alexander Stephan: Anna Seghers im Exil. Essay. Texte. Do-
       kumente. Bonn 1993, S. 16.
172    Wagner u. a. (Hrsg.): Anna Seghers, S. 121.
173    Anna Seghers: Ansprache in Weimar. In: dies.: Aufsätze. An-
       sprachen. Essays 1954–1979, S. 305.
174    Seghers: Briefe 1924–1952, S. 476.
175    Anna Seghers: Die Rettung. Berlin 1995, S. 5.
176    Spira-Ruschin: Trab der Schaukelpferde, S. 231.
177    Seghers: Briefe 1924–1952, S. 204.
178    Peter Roos und Friderike J. Hassauer-Roos (Hrsg.): Anna
       Seghers, S. 157.
179    Brecht: Arbeitsjournal. Zweiter Band, S. 578.
180    Wagner u. a. (Hrsg.): Anna Seghers, S. 136.
181    Seghers: Briefe 1924–1952, S. 156.
182    Ebd., S. 271.
183    Ebd., S. 211.
184    Wagner u. a. (Hrsg): Anna Seghers, S. 156.
185    Radvanyi: Jenseits des Stroms, S. 123.
186    Seghers: Briefe 1924–1952, S. 241.
187    Ebd., S. 214.
188    Ebd., S. 218 f.
189    Ebd., S. 233.
190    Ebd., S. 261.
191    Ebd., S. 310.
192    Anna Seghers: Die Tiefe und Breite in der Literatur. In: dies.:
       Aufsätze. Ansprachen. Essays 1954–1979, S. 183.
193    Ebd., S. 175.
194    Ebd., S. 174.
195    Anna Seghers: Über Kunstwerk und Wirklichkeit I. Berlin
       1971, S. 216.
196    Seghers: Briefe 1952–1983, S. 235.
197    Ebd., S. 280 f.
198    Erich Loest: Plädoyer für eine Tote. In: Argonautenschiff.
       Jahrbuch der Anna Seghers Gesellschaft Berlin und Mainz
       e.V. Band 1, 1992, S. 4.
199    Walter Janka: Spuren des Lebens. Berlin 1991, S. 445 f.

200 Seghers: Briefe 1953–1983, S. 197.

201 Ebd., S. 282.

202 Radvanyi: Jenseits des Stroms, S. 132.

203 Loest: Plädoyer für eine Tote, S. 4.

204 Anna Seghers: Der gerechte Richter. In: dies.: Erzählungen 1958–1966. Berlin 2007, S. 369.

205 Ebd., S. 369.

206 Brecht: Arbeitsjournal, S. 791.

207 Sonja Hilzinger: Anna Seghers. Stuttgart 2000, S. 188.

208 Seghers: Briefe 1953–1983, S. 63.

209 Ebd., S. 138.

210 Ebd., S. 302.

211 Ebd., S. 250.

212 Ebd., S. 304.

213 Seghers: Erzählungen 1933–1947, S. 123 ff.

## AUSZÜGE AUS DEM
## LITERARISCHEN WERK

## Der Kopflohn

*Es ist Zeitgeschichte vor dem Sturm, die Anna Seghers einfängt, den dunklen Sommer vor Hitlers Machtergreifung, gezeichnet durch wirtschaftliche Miseren, Unzufriedenheit und wachsende Erlösungssehnsucht.«*
*(Neue Züricher Zeitung, 20. 11. 1976)*

*Der erste der zeithistorischen Exilromane von Anna Seghers behandelt die Geschichte des jungen Leipziger Arbeiters Johann Schulz, der bei einer Straßenschlacht einen Polizisten getötet hat, zu entfernten Verwandten in ein rheinhessisches Dorf flüchtet und sich dort zunächst sicher fühlt. In der nahen Kreisstadt hängt bereits sein Steckbrief mit dem Kopflohn von 500,– Mark.*
*Armut herrscht im Dorf, besonders bei den Kleinbauern wie der Familie des Andreas Bastian, der seine Tochter als Magd verdingen muss, um seine Schulden begleichen zu können. Der eine kann die Pumpe nicht bezahlen, dem anderen wird die Zentrifuge (zur Käseherstellung aus Milch) abgeholt, weil er die Raten nicht bezahlen kann. Arbeit bis zum Umfallen, Hunger (Der Tod einer Gans, vom Fuchs gerissen, ist eine Katastrophe.) macht die Leute hart und mitleidlos. Mehrere Dorfbewohner entdecken den Steckbrief und müssen sich entscheiden, ob sie Johann Schulz verraten und den »Judas-Lohn« dafür haben wollen.*

Bastian kam als letzter vom Feld, klappte die Zauntür zu, kratzte den Schmutz von der Hacke, legte sie an ihren Platz im Schuppen, wusch sich Gesicht und Hände an der Pumpe. Sein Kopf blieb gesenkt, seine Schultern vorgezogen, weil ihm der Rücken vom vielen Bücken spannte. Vor der Haustür bückte er sich tief zum letztenmal. Er wollte zwei Kartoffeln aufheben, die Dora aus dem Korb gefallen waren. Dabei wurde ihm schwindlig. Einen Augenblick stand er vierbeinig da, die Hände auf der Erde, um nicht umzukippen. Diesen Augenblick lang trug er eine unermeßliche Last auf seinem waagrechten Rücken. Dicht hinter ihm stand der Tod, die Hand erhoben, um noch einen kleinen Brocken zu der Last zu legen: dann war es um den Mann geschafft.

Er drückte sich noch rechtzeitig vom Boden ab und richtete sich stöhnend auf. In der linken Hand die beiden Kartoffeln, faßte er mit der rechten die Türklinke.

Der Tür gegenüber hinter dem gedeckten Tisch saß die Frau, neben ihr auf der Bank der Größe nach vier Kinder. Das fünfte Kind hielt sie auf einem Knie. Die unbewegten Gesichter waren verschleiert durch den leichten Dampf, der aus der Schüssel hochstieg. Beim Geruch des Dampfes wurde dem Bauer zum zweitenmal schwindlig, wenn auch nicht so stark. Sein Inneres zog sich zusammen vor Gier. Er hatte nur den einen Wunsch, sich über die volle Schüssel zu werfen, den Kopf im Essen. Er trat neben seinen Stuhl, den einzigen auf der zweiten Breitseite des Tisches.

Sein Herz klopfte, als sein Kopf tiefer in den Dampf geriet. Er richtete sich aber zurecht, wie er sich vorhin gerichtet hatte. Er zwirbelte sein Bärtchen zwischen Daumen und Zeigefinger. Die Kinder sahen gespannt

mit zu, ihre Nasenflügel zuckten. Über die Teller füg-
ten sich die kleinen Dächer aus gefalteten Händen. Endlich erhoben sich in der Stille die ersten Worte des Ge-
betes, das Bollwerk um die Schüssel.

Als Bastian bei der Stelle angekommen war, an welcher Gott um Vergebung der Schuld angegangen wird,
klapperte draußen die Zauntür. Er hörte, wie sich jemand der Schwelle näherte. Er versuchte mit aller Kraft,
diese Schritte zu mißachten, er erhob die Stimme. Keins
der Kinder sah auf. Aber an dem tiefen Schatten, der
plötzlich die abendliche Stube erfüllte, merkten alle, daß
jemand auf der Schwelle stand und mit seiner Gestalt
die offene Tür ausfüllte.

Amen. Bastian drehte sich um. Der Mensch in der Tür
war ihm unbekannt; einer von den Jungens, wie sie öf-
ter durchkamen. Er trug eine kurze Hose, einen leder-
nen Gürtel, ein blaues Leinenhemd, einen Rucksack,
durch dessen Riemen eine Jacke gezogen war. Sein von
Schmutz und Schweiß verkrustetes Gesicht war schüchtern bis auf die schmalen, hellen Augen. Er sagte: »Ich
bin Johann Schulz, dem Georg Schulz sein Sohn.«

Plötzlich setzte die Frau ihr Kind vom Knie auf die
Bank und stand auf.

Sie sagte: »Mein Verstorbener hat doch eine Schwester drüben in Botzenbach gehabt. Die hat einen Schulz
geheiratet. Sie sind dann schnell wegverzogen, weit weg,
ich glaube, ins Sächsische. Ich habe auch mal gehört, sie
sollen Kinder bekommen haben. Er wird wohl von diesem Schulz ein Kind sein. Ich habe dir von diesen Leuten nie was erzählt, weil sie ja zu unserer Zeit gar nicht
mehr da waren und weil es eigentlich gar keine richtige
Verwandtschaft ist.«

Bastian sah unschlüssig in das fremde Gesicht, dann sah er vom Gesicht auf die Schuhe. Die waren für andere Füße eingekauft; die runden, schlecht gesteppten Knöchelflecken saßen nicht da, wo jetzt die Knöchel waren.

Der Junge ließ sich betrachten, die Türklinke in der Hand. Auch ihn machte der Geruch des Essens schwindlig. Er rieb seinen Hinterkopf an der Tür, die schicken mich weg, die schicken mich nich weg, Gottogott, Gottogott.

Bastian sah von den Schuhen zurück ins Gesicht. Auf einmal kam es ihm vor, nicht nur von Dreck sei das Gesicht ganz grau. Wie er fester drauf sah, wurde es unter den Lidern bläulichgrau. Bastian sagte – ungern: »Wenn's Ihnen nich auf die Zeit ankommt, setzt Euch.«

Die Kinder starrten den Gast an. Die Frau richtete einen Teller auf der Schmalseite des Tisches und legte eine Brotscheibe dazu.

Der Gast packte das Brot mit seiner ganzen Faust, ohne abzuwarten, bis alle Teller gefüllt waren. In großer Qual, als könnte er auch jetzt noch verhungern, den harten Bissen im Mund, zerrieben seine Zähne das altbackene Brot. Die Kinder erschraken. Seine Zähne erschienen ihnen zackig und glänzend. Ohne den Kopf zu drehen, betrachtete Bastian aus den Augenwinkeln diesen Hunger. der war anders als der seine, nackter, reißender. Als der Gast mit dem Brot fertig war, sah er bestürzt in die leere, offene Hand. Dann packte er den Löffel.

Ohne sich viel zu kümmern, was am anderen Ende des Tisches vorging, versuchte die Frau, das ziemlich große Kind, das sich auf ihrem Knie krümmte und sträubte, an die Brust zu bringen.

Als das Essen fertig war, sagte Bastian: »Johann, so heißen Sie doch – ja? Ihr werdet wohl jetzt nach Botzenbach fortmachen, vor Nacht?«

Schulz antwortete: »Ja, da muß ich wohl jetzt los.«

Sie sahen einander an. Auf einmal fiel dem Jungen der Kopf auf die Brust. Er stellte ihn wieder hoch, aber er fiel wieder, und er stellte ihn wieder hoch.

Bastian wunderte sich. Er hatte immer geglaubt, nur die Alten seien erschöpft. Er konnte sich aus jungen Jahren an keine Erschöpfung erinnern, wie er sie heute verstand: eine Faust von oben, die seinen Körper auspreßte. Oder zwei Fäuste, die ihn auswrangen. Er begriff nicht, wodurch etwas Junges so erschöpft war. Er sagte: »Wenn es Euch nicht eilt, von mir aus kannst du die Nacht hierbleiben.«

Zum erstenmal horchte die Frau gegen das andere Ende des Tisches. Ihr ruhiges, flaches Gesicht zeigte zwar kein Erstaunen, aber Aufmerksamkeit. Sie richtete ihr Kleid, setzte das Kind auf den Boden und stand auf. Bastian bereute sofort sein Angebot. Er forderte den Gast mit einem bestürzten Blick auf, es abzuschlagen. Der aber hielt sich mit einer Hand am Tischbein fest, rückte vom Stuhl auf die Bank, schob mit der freien Hand das nächste Kind seitwärts, so daß alle vier Kinder alle eins nach dem anderen halb abrutschten, halb von selbst aufstanden, und legte sich dann rasch längelang. Bastian schüttelte den Kopf und stand auf.

Eine Weile liefen Mann und Frau zwischen Küche und Stube hin und her mit Geschirr und Futtereimer. Sie traten unwillkürlich sachte auf. Mit leisen Zurufen hielten sie die Kinder an, sich auszukleiden. Die standen noch immer beim Ende der Bank zusammen und betrachteten den Schlafenden.

Eine Stunde später kam die Frau aus dem Stall. Schwere und leise Atemzüge erfüllten die vier Wände. Alles war zu erkennen. Die Sommernacht war nur eine unschlüssige Stille zwischen zwei Dämmerungen. Die Frau stellte sich noch einmal vor die Bank. Sie verschränkte die Arme und sah herunter, auch jetzt ohne Erstaunen, nur aufmerksam. Der Junge hatte sich wohl inzwischen noch einmal hochgerichtet, einen Schuh ausgezogen, den anderen aufgeschnürt. Den aufgeschnürten Schuh hatte er am Fuß hängenlassen und weitergeschlafen.

Die Frau gähnte und ging in die Küche. Von der Küche war durch eine Bretterwand ein Schlafzimmer abgetrennt.

Etwas später kam Bastian herein. Er stellte sich dahin, wo vorhin seine Frau gestanden hatte. Das offene Gesicht des Schlafenden erfüllte sein Herz mit Bestürzung. Manche waren schon durch ein Dorf gekommen, die Böses hinter sich hatten und noch Böseres vor sich. Am liebsten hätte er den Jungen an den Schultern wachgerüttelt und ihn fortgeschickt. Aber er tat etwas anderes: er bückte sich, zog den aufgeschnürten Schuh vom Fuß, stellte den Schuh neben den anderen und legte das herunterhängende Bein neben das andere Bein auf die Bank.

Er glaubte so zu handeln, weil er an Gott glaubte.

*Der Kopflohn. Roman aus einem deutschen Dorf im Spätsommer* 1932. Berlin: Aufbau Taschenbuch Verlag, 2. Aufl. 2009, S. 5–9.

# Zwei Denkmäler

*Das Manuskript dieser kleinen Erzählung, die Anna Seghers bereits im französischen Exil – nach ihrer eigenen Erinnerung als Anfang einer geplanten größeren Erzählung begann, ist während des Exils wohl verloren gegangen. Sie hat sich aber nach dem Krieg, als sie Kontakte zu ihrer Vaterstadt Mainz knüpfte, wieder daran erinnert und war in einem umfangreichen Briefwechsel darum bemüht, die genauen historischen Umstände der hierin erzählten Begebenheit zu recherchieren. Die Frau, die bei einem Bombenangriff des Ersten Weltkriegs in Mainz umkam, hieß Meta Cahn, war verheiratet mit Jacob Cahn, dem Inhaber einer Druckerei und Papiergroßhandlung am Bonifaziusplatz und wohnte in der Schulstraße 54. Die Beisetzung der jüdischen Bürgerin fand am 11. März 1918 im Beisein des Oberbürgermeisters und unter großer Anteilnahme der Bevölkerung statt. Der Gedenkstein befindet sich in der heute nach Adam Karillon benannten Straße vor dem Haus Nr. 23.*

In der Emigration begann ich eine Erzählung, die der Krieg unterbrochen hat. Ihr Anfang ist mir noch in Erinnerung. Nicht Wort für Wort, aber dem Sinn nach. Was mich damals erregt hat, geht mir auch heute noch nicht aus dem Kopf. Ich erinnere mich an eine Erinnerung. In meiner Heimat, in Mainz am Rhein, gab es zwei Denkmäler, die ich niemals vergessen konnte, in Freude und Angst auf Schiffen, in fernen Städten. Eins ist der Dom. – Wie ich als Schulkind zu meinem Erstaunen sah, ist er auf Pfeilern gebaut, die tief in die Erde hineingehen – damals kam es mir vor, beinahe so tief wie der Dom hochragt. Ihre Risse sind auszementiert worden, sagte man, in vergangener Zeit, da, wo das Grundwasser Unheil stiftete. Ich weiß nicht, ob es stimmt, was uns ein Lehrer erzählte: die romanischen und gotischen Pfeiler seien haltbarer als die jüngeren. Dieser Dom über der Rheinebene wäre mir in all seiner Macht und Größe im Gedächtnis geblieben, wenn ich ihn auch nie wiedergesehen hätte. Aber ebensowenig kann ich ein anderes Denkmal in meiner Heimatstadt vergessen. Es bestand nur aus einem einzigen flachen Stein, den man in das Pflaster einer Straße gesetzt hat. Hieß die Straße Bonifatiusstraße? Hieß sie Frauenlobstraße? Das weiß ich nicht mehr. Ich weiß nur, dass der Stein zum Gedächtnis einer Frau eingefügt wurde, die im Ersten Weltkrieg durch Bombensplitter umkam, als sie Milch für ihr Kind holen wollte. Wenn ich mich recht erinnere, war sie die Frau des jüdischen Weinhändlers Eppstein. – Menschenfresserisch, grausam war der Erste Weltkrieg, man begann aber erst an seinem Ende mit Luftangriffen auf Städte und Menschen. Darum hat man zum Gedächtnis der Frau den Stein gesetzt, flach wie das Pflaster, und ihren Namen eingraviert.

Der Dom hat die Luftangriffe des Zweiten Weltkriegs irgendwie überstanden, wie auch die Stadt zerstört worden ist. Er ragt über Fluß und Ebene. Ob der kleine flache Gedenkstein noch da ist, das weiß ich nicht. Bei meinen Besuchen habe ich ihn nicht mehr gefunden.

In der Erzählung, die ich vor dem Ersten Weltkrieg

zu schreiben begann und im Krieg verlor, ist die Rede
von dem Kind, dem die Mutter Milch holen wollte,
aber nicht heimbringen konnte. Ich hatte die Absicht,
in dem Buch zu erzählen, was aus diesem Mädchen geworden ist.

*Zwei Denkmäler.* In: Atlas. Eine literarische Geogra-
phie. Berlin: Klaus Wagenbach Verlag 1965; abgedruckt
in Walter Heist (Hrsg.): Anna Seghers aus Mainz. Mainz:
Verlag Dr. Hans Krach 1973, S. 75 f.

# Georg Heislers Flucht
## *(Das siebte Kreuz)*

*Der hier abgedruckte Auszug aus Anna Seghers' erfolg-reichstem Roman über die Flucht von sieben Häftlingen, die aus dem KZ Westhofen (Osthofen) bei Worms ausbrechen, bis auf einen schnell wieder eingefangen und mehr tot als lebendig an die dafür aufgerichteten Kreuze gebunden werden, schildert den Beginn der Flucht des Protagonisten. Schon hier wird deutlich, warum der Roman allein durch die spannende Fluchtgeschichte, die den Kern der Handlung ausmacht, seine Faszination – gerade auch für jugendliche Leser/innen – bis heute nicht verloren hat.*

Wie lange er auch über die Flucht gegrübelt hatte, allein und mit Wallau, wie viele winzige Einzelheiten er auch erwogen hatte und auch den gewaltigen Ablauf eines neuen Daseins, in den ersten Minuten nach der Flucht war er nur ein Tier, das in die Wildnis ausbricht, die sein Leben ist, und Blut und Haare kleben noch an der Falle. Das Geheul der Sirenen drang seit der Entdeckung der Flucht kilometerweit über das Land und weckte ringsum die kleinen Dörfer, die der dicke Herbstnebel einwickelte. Dieser Nebel dämpfte alles, sogar die mächtigen Scheinwerfer, die sonst die schwärzeste Nacht aufgeblendet hatten. Jetzt gegen sechs Uhr früh erstickten sie in dem watteartigen Nebel, den sie kaum gelblich färbten.

Georg duckte sich tiefer, obwohl der Boden unter ihm nachgab. Er konnte versinken, bevor er von dieser

Stelle weg durfte. Das dürre Gestrüpp sträubte sich ihm in den Fingern, die blutlos geworden waren und glitschig und eiskalt. Ihm schien es, als sänke er rascher und tiefer, er hätte nach seinem Gefühl bereits verschluckt sein müssen. Obwohl er geflohen war, um dem sichern Tod zu entrinnen – kein Zweifel, daß sie ihn und die andern sechs in den nächsten Tagen zugrunde gerichtet hätten –‹ erschien ihm der Tod im Sumpf ganz einfach und ohne Schrecken. Als sei er ein andrer Tod als der, vor dem er geflohen war, ein Tod in der Wildnis, ganz frei, nicht von Menschenhand.

Zwei Meter über ihm auf dem Weidendamm rannten die Posten mit den Hunden. Hunde und Posten waren besessen von dem Sirenengeheul und dem dicken nassen Nebel. Georgs Haare sträubten sich und die Härchen auf seiner Haut. Er hörte jemand so nahe fluchen, daß er sogar die Stimme erkannte: Mannsfeld. Der Schlag mit dem Spaten, den ihm vorhin Wallau über den Kopf gegeben hatte, tat ihm also schon nicht mehr weh. Georg ließ das Gestrüpp los. Er rutschte noch tiefer. Jetzt kam er überhaupt erst mit beiden Füßen auf den Vorsprung, der einem an dieser Stelle Halt gab. Das hatte er damals auch gewußt, als er noch die Kraft gehabt hatte, alles mit Wallau vorauszuberechnen.

Plötzlich fing etwas Neues an. Erst einen Augenblick später merkte er, daß gar nichts angefangen hatte, sondern etwas aufgehört: die Sirene. Das war das Neue, die Stille, in der man die scharf voneinander abgesetzten Pfiffe hörte und die Kommandos vom Lager her und von der Außenbaracke. Die Posten über ihm liefen hinter den Hunden zum äußersten Ende des Weidendamms. Von der Außenbaracke laufen die Hunde gegen den Weidendamm, ein dünner Knall und dann noch einer, ein Aufklatschen, und das harte Gebell der Hunde schlägt über einem anderen dünnen Gebell zusammen, das gar nicht dagegen aufkam und gar kein Hund sein kann, aber auch keine menschliche Stimme, und wahrscheinlich hat der Mensch, den sie jetzt abschleppen, auch nichts Menschliches mehr an sich. Sicher Albert, dachte Georg. Es gibt einen Grad von Wirklichkeit, der einen glauben macht, daß man träume, obwohl man nie weniger geträumt hat. Den hätten sie, dachte Georg, wie man im Traum denkt, den hätten sie. Wirklich konnte das ja nicht sein, daß sie schon jetzt nur noch sechs waren.

Der Nebel war noch immer zum Schneiden dick. Zwei Lichtchen glänzten auf, weit jenseits der Landstraße – gleich hinter den Binsen, hätte man meinen können. Diese einzelnen scharfen Pünktchen drangen leichter durch den Nebel als die flächigen Scheinwerfer. Nach und nach gingen die Lichter an in den Bauernstuben, die Dörfer wachten auf. Bald war der Kreis aus Lichtchen geschlossen. So was kann es ja gar nicht geben, dachte Georg, das ist zusammengeträumt. Er hatte jetzt die größte Lust, in die Knie zu gehen. Wozu sich in die ganze Jagd einlassen? Eine Kniebeuge, und es gluckst, und alles ist fertig – Werd mal zuerst ruhig, hatte Wallau immer gesagt. Wahrscheinlich hockte Wallau gar nicht weit weg in irgendeinem Weidenbusch. Wenn das der Wallau einem gesagt hatte: werd mal zuerst ruhig – war man immer schon ruhig geworden.

Georg griff ins Gestrüpp. Er kroch langsam seitlich. Er war jetzt vielleicht noch sechs Meter von dem letzten Strunk weg. Plötzlich, in einer grellen, in nichts mehr traumhaften Einsicht, schüttelte ihn ein solcher Anfall

von Angst, daß er einfach hängenblieb auf dem Außen-
abhang, den Bauch platt auf der Erde. Ebenso plötzlich
war es vorbei, wie es gekommen war.

Er kroch bis zum Strunk. Die Sirene heulte zum
zweitenmal los. Sie drang gewiss weit über das rechte
Rheinufer. Georg drückte sein Gesicht in die Erde. Ruhig, ruhig, sagte ihm Wallau über die Schulter. Georg
schnaufte mal, drehte den Kopf. Die Lichter waren
schon alle ausgegangen. Der Nebel war zart geworden
und durchsichtig, das reine Goldgespinst. Über die
Landstraße sausten drei Motorradlampen, raketenartig.
Das Geheul der Sirenen schien anzuschwellen, obwohl
es nur ständig ab- und zunahm, ein wildes Einbohren
in alle Gehirne, stundenweit. Georg drückte sein Gesicht wieder in die Erde, weil sie über ihm auf dem
Damm zurückliefen. Er schielte bloß aus den Augenwinkeln. Die Scheinwerfer hatten nichts mehr zum
Greifen, sie wurden ganz matt im Tagesgrauen. Wenn
nur jetzt nicht der Nebel gleich stieg. Auf einmal klet-
terten drei den äußern Abhang herunter. Sie waren keine
zehn Meter weit. Georg erkannte wieder Mannsfelds
Stimme. Er erkannte Ibst, an seinen Flüchen, nicht an
der Stimme, die war vor Wut ganz dünn, eine Weiber-
stimme. Die dritte Stimme, erschreckend dicht – man
konnte ihm, Georg, auf den Kopf treten – war Meiß-
ners Stimme, die immer nachts in die Baracke kam, die
einzelnen aufrief, ihn, Georg, zuletzt vor zwei Näch-
ten. Auch jetzt schlug Meißner nach jedem Wort die
Luft mit etwas Scharfem. Georg spürte das feine Wind-
chen. Hier unten rum – gradaus – wird's bald – dalli.

Ein zweiter Anfall von Angst, die Faust, die einem
das Herz zusammendrückt. Jetzt nur kein Mensch sein,

jetzt Wurzel schlagen, ein Weidenstamm unter Weiden-
stämmen, jetzt Rinde bekommen und Zweige statt Arme.
Meißner stieg in das Gelände hinunter und fing wie verrückt zu brüllen an. Plötzlich brach er ab. Jetzt sieht er
mich, dachte Georg. Er war auf einmal vollständig ruhig, keine Spur von Angst mehr, das ist das Ende, lebt
alle wohl. […]

Das ging vorbei. Er wurde fast ruhig. Er dachte kalt:
Wallau und Füllgrabe und ich kommen durch. Wir drei
sind die besten. Beutler haben sie. Belloni kommt vielleicht auch durch. Aldinger ist zu alt. Pelzer ist zu weich.
Als er sich jetzt auf den Rücken drehte, war es schon
Tag. Der Nebel war gestiegen. Goldnes kühles Herbst-
licht lag über dem Land, das man hätte friedlich nennen
können. Georg erkannte jetzt etwa zwanzig Meter weg
die zwei großen flachen, an den Rändern weißen Steine.
Vor dem Krieg war der Damm einmal der Fahrweg für
ein entlegenes Gehöft gewesen, das längst abgerissen
war oder abgebrannt. Damals hatte man vielleicht das
Gelände angestochen, das inzwischen längst versoffen
war, samt den Abkürzungswegen zwischen Damm und
Landstraße. Damals hatte man wohl auch die Steine vom
Rhein heraufgeschleppt. Zwischen den Steinen gab es
noch feste Krumen, längst hatten sich die Binsen darü-
bergestellt. Eine Art Hohlweg war entstanden, den man
auf dem Bauch durchkriechen konnte.

Die paar Meter bis zu dem ersten grauen, weißgerän-
derten Stein waren das böseste Stück, fast ungedeckt.
Georg biss sich in dem Gestrüpp fest, ließ erst mit einer
Hand los, dann mit der andern. Wie die Zweige zurück-
schnellten, gab es ein Schürfen, ein Vogel zuckte auf,
vielleicht schon wieder derselbe.

Wie er dann in den Binsen hockte auf dem zweiten Stein, war's ihm zumut, als sei er plötzlich dorthin geraten und ungeheuer rasch, wie mit Engelsflügeln. Hätte er nur jetzt nicht so gefroren. [...]

Georg sah zwischen den welken Stauden über den Grabenrand. So nah stand der Posten – wo der Weg über dem Gurkenfeld in die Landstraße mündete -, so bestürzend nah, daß Georg gar nicht erschrak, sondern in Wut geriet. So greifbar nah stand er da auf seinen zwei Beinen gegen die Ziegelmauer, daß es die größte Qual war, sich zu verstecken, anstatt gegen ihn anzuspringen. Langsam ging der Posten den Weg ab, an der Fabrik vorbei zur Liebacher Au – in seinem Rücken, in der grauen und braunen Unendlichkeit zwei glühende Augenpunkte. Georg dachte, der Posten müßte sich umdrehn nach dem mühlenartigen Geklapper, das sein Herz jetzt machte, wo es doch selbst in der Todesangst noch viel stiller schlug als ein Vogelflügel. Georg rutschte im Graben weiter, fast bis zur Wegstelle, wo der Posten noch eben gestanden hatte. Wallau hatte ihm noch erklärt, daß dort der Graben unter dem Weg durchführte. Ob und wie der Graben dann weiterlief, das hatte Wallau selbst nicht gewußt. An dieser Stelle hatte auch seine Voraussicht aufgehört. Georg kam sich erst jetzt vollkommen verlassen vor. Ruhig – nur noch das Wort blieb ihm im Ohr, der bloße Klang, ein Amulett aus Stimme. Dieser Graben, sagte er sich, läuft unter der Fabrik durch, wird den Abfluß aufnehmen. Er mußte abwarten, bis der Posten gedreht hatte. Jetzt blieb der Posten am Ufer stehn, pfiff. Von der Liebacher Au pfiff es zurück. Georg begriff jetzt den Abstand zwischen den Pfiffen, überhaupt begriff er jetzt viel. Jeder Punkt in

seinem Gehirn war besetzt, jeder Muskel war ange-
strengt, jede Sekunde war ausgefüllt, ungemein dicht
war das ganze Leben, atemlos und eng. Wie er dann in
dem stinkigen, scharfriechenden Abfluß steckte, wurde
ihm plötzlich flau, weil dieser Graben ja gar nichts war
zum Durchkriechen, sondern bloß um darin zu erstik-
ken. Und er wurde zugleich ganz rasend, weil er doch
keine Ratte war und das kein Ort für ihn zum Abgehn.
Da war es aber vor ihm schon nicht mehr pechschwarz,
sondern ein Gewitter von Wasserkringelchen. Zum
Glück war das Fabrikgelände nicht groß, vielleicht vierzig Meter breit. Wie er herauskam, jenseits der Mauer,
stieg das Feld etwas an zur Landstraße, und sein Weg
führte schräg hinauf. In dem Winkel zwischen Mauer
und Feldweg gab es einen Abfallhaufen, Georg konnte
nicht weiter, er musste sich hinhocken und auskotzen.
[...]

Er ging weiter. Er hatte zuerst gegen Erlenbach ge-
wollt, weitab vom Rhein. Jetzt wagte er nicht, die Chaussee zu überqueren. Er änderte also seinen Entschluß,
wenn man das noch Entschluß nennen konnte, den äußersten unverrückbaren Zwang eines Augenblicks. Er
trottete über den Acker mit eingezogenen Schultern,
mit gesenktem Kopf, gefaßt auf Anruf, auf Schüsse. Er
stieß mit der Fußspitze in die lockere Erde, gleich,
gleich, mein Schatz. Sie werden rufen, dachte er, dann
knallt es, und ganz gewaltig zog es ihn in den Knien,
sich einfach niederzuwerfen. Dann fiel ihm ein: sie werden mir bloß in die Beine knallen, mich lebend abschleppen. Er schloß die Augen. Er spürte, vermischt
mit dem kühlen feinen Morgenwind, ein Übermaß an
Trauer, dem kein Mensch gewachsen ist. [...]

Aber der Feldweg führte nicht nur nach dem Dorf, wie Georg geglaubt hatte, er gabelte sich in zwei Wege, einen nach dem Dorf, einen nach der Chaussee. Die alte Frau hatte das Zopfband in eine ihrer Rocktaschen gestopft zu all ihrem übrigen Krempel, und sie führte das Kind, das das Weinen verbiß, am Zöpfchen neben sich. Sie brabbelte: »Haben Sie den Spektakel gehört vorhin, ui, ui! Wie das getutet hat. Jetzt ist's ruhig. Sie haben ihn. Der hat nichts zu lachen. Ui, ui« Sie kicherte und jammerte. An der Weggabelung blieb sie stehen. »Der Nebel ist auf! Guck!«

Georg sah sich um. Wirklich, der Nebel war gestiegen, rein und klar erglänzte der blaßblaue Herbsthimmel. »Ui, ui«, machte die alte Frau, weil zwei, nein, schon drei Flieger aus dem Himmelblau herabfielen, scharf aufglänzend, und dicht über der Erde, über den Dächern von Westhofen und dem Sumpf und den Feldern, tiefe enge Kreise zogen.

Georg ging dicht an der alten Frau, die ihr Enkelkind führte, nach der Chaussee zu.

Sie gingen, ohne jemand zu treffen, zehn Meter auf der Chaussee. Die alte Frau war verstummt. Sie schien alles vergessen zu haben, Georg und das Kind und die Sonne und die Flieger, brütete nach über Sachen, die früher passiert waren, als noch kein Georg geboren war. Georg hält sich ganz dicht, möchte sie gern am Rock festhalten. Wirklich ist das ja nicht, nur im Traum geht er mit der alten Frau, die er am Rock festhält, aber sie merkt es gar nicht. Er wird gleich aufwachen, Lohgerber wird in der Baracke herumbrüllen –

Rechts begann eine lange, mit Scherben besetzte Mauer. Sie gingen ein paar Schritte längs der Mauer, dicht hintereinander, Georg zuletzt. Plötzlich, ohne Hupen, war ihnen ein Motorrad im Rücken. Wenn sich die alte Frau jetzt umdrehte, mußte sie glauben, Georg hätte die Erde verschluckt. Das Motorrad sauste vorbei. »Ui, ui«, grunzte die alte Frau, aber sie trottete weiter, Georg war nicht nur aus ihrem Weg, sondern auch aus ihrem Gedächtnis verschwunden.

Georg lag jenseits der Mauer, seine Hände waren blutig von den Scherben, die linke Hand war unter dem Daumen eingerissen, und auch sein Zeug war eingerissen bis auf das Fleisch.

Ob sie jetzt abstiegen und ihn holten? Aus dem niedrigen roten Ziegelhaus mit den vielen Fenstern kamen Stimmen, viele helle und tiefe, und dann wieder ein ganzer Chor rascher Knabenstimmen. Welches Wort wollten sie ihm denn noch einprägen, welchen Satz in seiner Todesstunde? Aus der entgegengesetzten Richtung fuhr ein Motorrad an, aber es fuhr vorbei gegen das Lager Westhofen. Georg spürte keine Erleichterung, sondern erst jetzt den Schmerz in der Hand – er hätte sie überm Gelenk abbeißen mögen.

Georg Heislers Flucht. In: *Das siebte Kreuz*. Roman. Berlin: Aufbau Taschenbuch Verlag 31., durchgesehene Aufl. 2009, S. 22–27 u. 33–37 (gekürzter Auszug).

# Der Ausflug der toten Mädchen

*Diese vielfach als schönste Erzählung von Anna Seghers beurteilte Novelle ist einer der wenigen Texte, in dem die Autorin autobiografische Aspekte verarbeitet. In Mexiko nach einem Verkehrsunfall lebensgefährlich verletzt und durch den Verlust des Gedächtnisses beeinträchtigt, gewinnt die Autorin mit den Erinnerungen an ihre Mainzer Jugend allmählich ihr Gedächtnis wieder und verarbeitet zugleich die Information vom Tod ihrer Mutter Hedwig Reiling, die zusammen mit anderen Juden aus Mainz und Rheinhessen am 30. März 1942 nach Piaski bei Lublin/Polen deportiert und dort ermordet wurde. Die Autorin erinnert sich an einen Klassenausflug ihrer Schulzeit und reflektiert zugleich die späteren Lebensgeschichten ihrer Mitschülerinnen. Dabei entsteht ein authentisches Bild der Gesellschaft im Nationalsozialismus mit der ganzen Bandbreite an Verhaltensweisen von begeisterter Anhängerschaft über Anpassung, Verweigerung, Opposition und Widerstand.*

Ich trat in das leere Tor. Ich hörte jetzt inwendig zu meinem Erstaunen ein leichtes, regelmäßiges Knarren. Ich ging noch einen Schritt weiter. Das Knarren wurde bald deutlicher, und ich sah in dem Gebüsch, das immer dichter und saftiger wurde, ein gleichmäßiges Auf und Ab von einer Schaukel oder von einem Wippbrett. Jetzt war meine Neugier wach, sodaß ich durch das Tor lief auf die Schaukel zu. Im selben Augenblick rief jemand: »Netty!«

Mit diesem Namen hatte mich seit der Schulzeit niemand mehr gerufen. […] Beim Klang meines alten Namens packte ich vor Bestürzung, obwohl man mich immer in der Klasse wegen dieser Bewegung verspottet hatte, mit beiden Fäusten nach meinen Zöpfen. Ich wunderte mich, daß ich die zwei dicken Zöpfe anpacken konnte: man hatte sie also doch nicht im Krankenhaus abgeschnitten.

Der Baumstumpf, auf den die Wipp-Schaukel genagelt war, schien zuerst in einer dicken Wolke zu stehen, doch teilte und klärte sich die Wolke sogleich in lauter Hagebuttenbüsche. Bald glänzten einzelne Butterblumen in dem Bodendunst, der aus der Erde durch das hohe und dichte Gras quoll, der Dunst verzog sich, bis Löwenzahn und Storchschnabel gesondert dastanden. […]

Auf jedem Ende der Schaukel ritt ein Mädchen, meine zwei besten Schulfreundinnen. Leni stemmte sich kräftig mit ihren großen Füßen ab, die in eckigen Knopfschuhen steckten. Mir fiel ein, daß sie immer die Schuhe eines älteren Bruders erbte. Der Bruder war freilich schon im Herbst 1914 im ersten Weltkrieg gefallen. Ich wunderte mich zugleich, wieso man Lenis Gesicht gar keine Spur von den grimmigen Vorfällen anmerkte, die ihr Leben verdorben hatten. Ihr Gesicht war so glatt und blank wie ein frischer Apfel, und nicht der geringste Rest war darin, nicht die geringste Narbe von den Schlägen, die ihr die Gestapo bei der Verhaftung versetzt hatte, als sie sich weigerte, über ihren Mann auszusagen. Ihr dicker Mozart-Zopf stand beim Schaukeln stark vom Nacken ab. Sie hatte mit zusammengezogenen dichten Brauen in ihrem runden Gesicht den entschlossenen, etwas energischen Ausdruck, den sie von klein auf bei allen schwierigen Unternehmungen annahm. Ich kannte die Falte in ihrer Stirn, in ihrem sonst spiegelglatten Apfelgesicht, von allen Gelegenheiten, von schwierigen Ballspielen und Wettschwimmen und Klassenaufsätzen und später auch bei erregten Versammlungen und beim Flugblätter-Verteilen. Ich hatte dieselbe Falte zwischen ihren Brauen zuletzt gesehen, als ich zu Hitlers Zeit, kurz vor der endgültigen Flucht, in meiner Vaterstadt meine Freunde zum letzten Mal traf. Sie hatte sie früher auch in der Stirn gehabt, als ihr Mann zur vereinbarten Zeit nicht an den vereinbarten Ort kam, woraus sich ergab, daß er in der von den Nazis verbotenen Drucke-rei verhaftet worden war. Sie hatte auch sicher Brauen und Mund verzogen, als man sie gleich darauf selbst verhaftete. Die Falte in ihrer Stirn, die früher nur bei besonderen Gelegenheiten entstand, wurde zu einem ständigen Merkmal, als man sie im Frauen-Konzentra-tionslager im zweiten Winter dieses Krieges langsam, aber sich an Hunger zu Grunde gehen ließ. [...]

Auf der anderen Schaukelseite hockte Marianne, das hübscheste Mädchen der Klasse, die hohen, dünnen Beine vor sich auf dem Brett verschränkt. Sie hatte die aschblonden Zöpfe in Kringeln über die Ohren ge-steckt. In ihrem Gesicht, so edel und regelmäßig ge-schnitten wie die Gesichter der steinernen Mädchenfi-guren im Dom von Marburg, war nichts zu sehen als Heiterkeit und Anmut. Man sah ihr ebenso wenig wie einer Blume Zeichen von Herzlosigkeit an, von Ver-schulden oder Gewissenskälte. Ich selbst vergaß sofort alles, was ich über sie wußte, und freute mich ihren An-blicks. [...] Sie sah aus, als ob sie mühelos abfliegen könnte, die Nelke zwischen den Zähnen, mit ihrer festen kleinen Brust in dem grünleinenen, verwachsenen Kittel.

Ich erkannte die Stimme der ältlichen Lehrerin, Fräulein Mees, auf der Suche nach uns, dicht hinter der niedrigen Mauer, die den Schaukelhof von der Kaffeeterrasse abtrennte. Leni! Marianne! Netty! Ich packte nicht mehr vor Erstaunen meine Zöpfe. Die Lehrerin hatte mich ja mit den anderen zusammen bei gar keinem anderen Namen rufen können. Marianne zog die Beine von der Schaukel und stellte, sobald das Brett nach Lenis Seite abwärts wippte, ihre Füße fest auf, damit Leni bequem absteigen konnte. Dann legte sie einen Arm um Lenis Hals und zupfte ihr behutsam Halme aus dem Haar. Mir kam jetzt alles unmöglich vor, was man mir über die beiden erzählt und geschrieben hatte. Wenn Marianne so vorsichtig die Schaukel für Leni festhielt und ihr mit soviel Freundschaft und soviel Behutsamkeit die Halme aus dem Haar zupfte, und sogar ihren Arm um Lenis Hals schlang, dann konnte sie sich unmöglich mit kalten Worten später schroff weigern, Leni einen Freundschaftsdienst zu tun. Sie konnte unmöglich die Antwort über die Lippen bringen, sie kümmere sich nicht um ein Mädchen, das irgendwann, irgendwo einmal zufällig in ihre Klasse gegangen sei. Ein jeder Pfennig an Leni und deren Familie gewandt, sei hinausgeworfen, ein Betrug am Staat. Die Gestapobeamten, die nacheinander beide Eltern verhaftet hatten, erklärten vor den Nachbarn, das schutzlos zurückgebliebene Kind der Leni gehöre sofort in ein nationalsozialistisches Erziehungsheim. Darauf fingen Nachbarsfrauen das Kind am Spielplatz ab und hielten es versteckt, damit es nach Berlin zu Verwandten des Vaters fahren könnte. Sie liefen um Reisegeld zu leihen zu Marianne, die sie früher manchmal Arm in Arm mit Leni erblickt hatten. Doch Marianne weigerte sich und fügte hinzu, ihr eigener Mann sei ein hoher Nazibeamter, und Leni samt ihrem Mann seien zu Recht arretiert, weil sie sich gegen Hitler vergangen hätten. Die Frauen fürchteten sich, sie würden noch selbst der Gestapo angezeigt.

Mir flog durch den Kopf, ob Lenis Töchterlein eine ähnlich eingekerbte Stirn gezeigt hatte wie ihre Mutter, als sie dann doch zur Zwangserziehung abgeholt wurde.

Jetzt zogen die beiden, Marianne und Leni, von denen eine ihres Kindes verlustig gegangen war durch das Verschulden der anderen, die Arme gegenseitig um die Hälse geschlungen, Schläfe an Schläfe gelehnt, aus dem Schaukelgärtchen. Ich wurde gerade ein wenig traurig, kam mir, wie es in der Schulzeit leicht geschah, ein wenig verbannt vor aus den gemeinsamen Spielen und der herzlichen Freundschaft der anderen. Da blieben die beiden noch einmal stehen und nahmen mich in die Mitte.

Wir zogen wie drei Küken hinter der Ente hinter Fräulein Mees her auf die Kaffeeterrasse. Fräulein Mees hinkte ein wenig, was sie, zusammen mit ihrem großen Hintern, einer Ente noch ähnlicher machte. Auf ihrem Busen, im Blusenausschnitt, hing ein großes schwarzes Kreuz. Ich hätte ein Lächeln verbissen, wie Leni und Marianne, doch milderte sich die Belustigung über ihren komischen Anblick durch eine schwer damit zu vereinende Achtung: sie hatte später das klobige schwarze Kreuz im Kleidausschnitt nie abgelegt. Sie war ganz freimütig furchtlos, statt mit einem Hakenkreuz mit ebendiesem Kreuz, nach dem verbotenen Gottesdienst der Bekenntniskirche umhergegangen.

[...]

Vielleicht gab es unter den Schulmädchen auch mürrische und schmierige: in ihren bunten Sommerkleidern, mit ihren hüpfenden Zöpfen und lustigen Kringeln sahen sie alle frisch und festlich aus. Weil die meisten Plätze besetzt waren, teilten sich Marianne und Leni Stuhl und Kaffeetasse. Eine kleine stupsnäsige Nora, mit dünnem Stimmchen, mit zwei um den Kopf gewundenen Zöpfen, in kariertem Kleidchen schenkte selbstbewusst Kaffee ein und teilte Zucker aus, als sei sie selbst die Wirtin. Marianne, die sonst ihre ehemaligen Mitschülerinnen zu vergessen pflegte, erinnerte sich noch deutlich dieses Ausflugs, als Nora, die Leiterin der nationalsozialistischen Frauenschaft geworden war, sie dort als Volksgenossin und ehemalige Schulkameradin begrüßte.

Die blaue Wolke von Dunst, die aus dem Rhein kam oder immer noch aus meinen übermüdeten Augen, vernebelte über allen Mädchentischen, sodaß ich die einzelnen Gesichter von Nora und Leni und Marianne und wie sie sonst hießen, nicht mehr deutlich unterschied [...] Ich hörte eine Weile das Gestreite, wo die jüngere Lehrerin, Fräulein Sichel, die gerade aus dem Gasthaus trat, sich am besten setzen könnte. Die Dunstwolke verschwebte von meinen Augen, sodaß ich Fräulein Sichel genau erkannte, die frisch und hell gekleidet einher kam, wie ihre Schülerinnen. Sie setzte sich dicht neben mich, die hurtige Nora schenkte ihr, der Lieblingslehrerin, Kaffee ein: in ihrer Gefälligkeit und Bereitschaft hatte sie Fräulein Sichels Platz sogar geschwind mit ein paar Jasminzweigen umwunden.

Das hätte Nora sicher, wäre ihr Gedächtnis nicht ebenso dünn gewesen wie ihre Stimme, später bereut, als Leiterin der nationalsozialistischen Frauenschaft unserer Stadt. Jetzt sah sie mit Stolz und beinahe sogar mit Verliebtheit zu, wie Fräulein Sichel einen von diesen Jasminzweigen in das Knopfloch ihrer Jacke steckte. Im ersten Weltkrieg würde sie sich noch immer freuen, daß sie in einer Abteilung des Frauendienstes, der durchfahrende Soldaten tränkte und speiste, die gleiche Dienstzeit wie Fräulein Sichel hatte. Doch später sollte sie dieselbe Lehrerin, die dann schon greisenhaft zittrig geworden war, mit groben Worten von einer Bank am Rhein herunterjagen, weil sie auf einer judenfreien Bank sitzen wollte. [...]

Die älteste von uns allen, Lore, – sie trug Rock und Bluse und rötliches onduliertes Haar und hatte schon längst echte Liebschaften – war inzwischen von einem Tisch zum anderen gegangen, um selbstgebackenen Kuchen zu verteilen. In diesem Mädchen wohnten allerlei kostbare häusliche Begabungen zusammen, die sich teils auf die Liebes- teils auf die Kochkunst bezogen. Die Lore war immerzu überaus lustig und gefällig und zu drolligen Witzen und Streichen aufgelegt. Ihr ungewöhnlich frühzeitig begonnener, von den Lehrerinnen streng gerügter leichtfertiger Lebenswandel führte zu keiner Heirat und sogar zu keiner ernsthaften Liebesbeziehung, sodaß sie, als die meisten längst würdige Mütter waren, noch immer wie heute aussah, als Mitschülerin [...] Freiwilliges Sterben durch eine Röhre Schlafpulver. Ein verärgerter Naziliebhaber hatte sie, da ihre Untreue Rassenschande hieß, mit Konzentrationslager bedroht. Er hatte lange umsonst gelauert, sie endlich mit dem gesetzlich verbotenen Freund zu überraschen. Doch trotz seiner Eifersucht und Strafgier war ihm der Nachweis erst gelungen, als kurz vor diesem Krieg bei einer Fliegeralarmprobe der Luftwart alle Einwohner aus Zimmer und Betten in den Keller zwang, auch die Lore mit dem verfemten Liebsten.

Sie schenkte nun heimlich, was uns aber doch nicht entging, ein übriggebliebenes Zimtsternchen der ebenfalls auffällig hübschen, pfiffigen, mit zahllosen natürlichen Löckchen geputzten Ida. Sie war ihr in der Klasse die einzige Freundin, da Lore sonst wegen ihrer Belustigungen ziemlich schief angesehen wurde. Wir munkelten viel über die fidelen Verabredungen von Ida und Lore, auch über ihre gemeinsamen Besuche der Schwimmanstalten, wo sie gelenkige Gefährten zum Freischwimmen trafen. Ich weiß nur nicht, warum Ida, die heimlich das Zimtsternchen nagte, nie von der Ferne der Mütter und Töchter getroffen wurde, vielleicht, weil sie eine Lehrerstochter war und Lore eine Friseurstochter. Ida machte beizeiten Schluß mit dem lockeren Leben, aber es kam auch bei ihr nicht zur Heirat, weil ihr Bräutigam bei Verdun fiel. Dieses Herzeleid trieb sie zur Krankenpflege, damit sie wenigstens den Verwundeten nützlich werden könnte. Da sie ihren Beruf mit dem Friedenschluß 1918 nicht aufgeben wollte, trat sie bei den Diakonissinnen ein. Ihre Lieblichkeit war schon ein wenig verwelkt, ihre Löckchen waren schon ein wenig grau, wie mit Asche bestreut, als sie Funktionärin bei den nationalsozialistischen Krankenschwestern wurde, und wenn sie auch in dem jetzigen Krieg keinen Bräutigam hatte, ihr Wunsch nach Rache, ihre Erbitterung waren immer noch wach. Sie prägte den jüngeren Pflegerinnen die staatlichen Anweisungen ein, die zur Vermeidung von Gesprächen und falschen Mitleidsdiensten bei der Pflege Kriegsgefangener mahnten. Doch ihre Anweisung, den frisch gekommenen Mull ausschließlich für Landsleute zu verwenden, nützte gar nichts. Denn an dem Ort ihrer neuen Tätigkeit, in das Spital weit hinter der Front, schlug eine Bombe ein, die Freunde und Feinde zerknallte und natürlich auch ihren Lockenkopf, über den jetzt noch einmal Lore fuhr mit fünf manikürten Fingern, wie nur sie allein in der Klasse welche hatte.

[...]

Ein Dampfer tutete vom Rhein her. Wir reckten unsere Köpfe. Auf seinem weißen Rumpf stand in goldener Schrift »Remagen.« [...]

Alle Mädchen riefen miteinander: »Das ist das Realgymnasium! Das ist die Unterprima!« [...] Marianne, deren Zöpfe sich bei der Schaukelfahrt aufgelöst hatten, begann ihre Schnecken über den Ohren frisch aufzustecken, denn ihre Freundin Leni, mit der sie seit der gemeinsamen Schaukelei den Stuhl geteilt hatte, stellte mit besseren Augen fest, Otto Fresenius sei auch an Bord, Mariannes liebster Werber und Tänzer. Leni flüsterte ihr überdies zu: »Sie steigen hier aus; er zeigt mit der Hand.«

Fresenius, ein dunkelblonder schlaksiger Junge von 17 Jahren, der schon längst hartnäckig vom Schiff herwinkte, wäre auch zu uns herübergeschwommen, um mit seinem Mädchen vereint zu sein. Marianne hing den Arm fest um Lenis Hals, ihr war die Freundin, an die sie sich später überhaupt nicht mehr erinnern wollte, als man um ihre Hilfe bat, wie eine echte Schwester, in

Freud und Not der Liebe eine gute Betreuerin, die gewissenhaft Briefe und heimliche Zusammentreffen vermittelte. Marianne, die immer ein schönes gesundes Mädchen war, wurde durch die bloße Nähe des Freundes ein solches Wunder an Zartheit und Anmut, daß sie wie ein sagenhaftes Kind von allen Schulmädchen abstach. Otto Fresenius hatte bereits daheim seiner Mutter, mit der er Geheimnisse teilte, seine Zuneigung verraten. Da die Mutter sich selbst an der glücklichen Wahl freute, meinte sie, daß einmal später, wenn man gebührend wartete, nichts einer Ehe im Wege stünde. Zum Verlobungsfest kam es dann auch, aber zur Hochzeit nie, denn der Bräutigam fiel schon 1914 in einem Studentenbataillon in den Argonnen.

Der Dampfer »Remagen« machte jetzt eine Drehung zum Landungssteg. Unsere zwei Lehrerinnen, die zur Heimfahrt der Mädchen das Schiff aus entgegengesetzter Richtung abwarten mussten, begannen sofort, uns abzuzählen. Leni und Marianne sahen gespannt dem Dampfer entgegen. Leni drehte so neugierig ihren Kopf, als ob sie ahne, daß auch ihre eigene Zukunft, der Ablauf ihres eigenen Schicksals, von der Vereinigung oder Trennung des Liebespaares abhänge. Wär' es allein nach Leni gegangen, statt nach Kaiser Wilhelms Mobilmachung, und später nach den französischen Schaftschützen, die beiden wären sicher ein Paar geworden. Sie fühlte genau, wie gut die zwei jungen Leute an Herz und Körper zusammenpaßten. Dann hätte sich Marianne später auch nie geweigert, für Lenis Kind zu sorgen. Otto Fresenius hätte vielleicht schon vorher Mittel gefunden, der Leni zur Flucht zu verhelfen. Er hätte wahrscheinlich dem zarten schönen Gesicht seiner Frau Marianne nach und nach einen solchen Zug von Rechtlichkeit, von gemeinsam geachteter Menschenwürde eingeprägt, der sie dann verhindert hätte, ihre Schulfreundin zu verleugnen.

Auszug aus: *Der Ausflug der toten Mädchen*. In: Erzählungen 1933–1947. Berlin: Aufbau Verlag 2011, S. 123 bis 136 (Werkausgabe II/2)

# ZEITTAFEL

1900    Netty Reiling wird am 19. November als ein-
        ziges Kind von Hedwig (geb. Fuld) und Isi-
        dor Reiling in Mainz geboren

1920    Beginn des Studiums an der Universität Hei-
        delberg.

1921    Ein Semester Universität Köln, Praktikum am
        Museum für ostasiatische Kunst

1924    Promoviert in Heidelberg über *Jude und Ju-
        dentum im Werke Rembrandts. Die Toten auf
        der Insel Djal*

1925    10. August: Heirat mit László Radványi (Par-
        teiname Johann-Lorenz Schmidt); Umzug
        nach Berlin

1926    29. April: Geburt des Sohnes Peter

1927    *Grubetsch*

1928    28. Mai: Geburt der Tochter Ruth. Kleist-
        Preis. *Aufstand der Fischer von St. Barbara.*
        Beitritt zur KPD

1929    Beitritt zum Bund proletarisch-revolutionä-
        rer Schriftsteller

1930    Teilnahme an der II. Konferenz proletarisch-
        revolutionärer Schriftsteller in Charkow (6.
        bis 15. November). *Auf dem Weg zur ameri-
        kanischen Botschaft*

1932    *Die Gefährten*

1933    Februar: Flucht über die Schweiz (Zürich)
        nach Frankreich (Paris). *Der Kopflohn. Ro-
        man aus einem Dorf im Spätsommer 1932*

| 1934 | Reise nach Österreich. *Der letzte Weg des Koloman Wallisch* |
|---|---|
| 1935 | Teilnahme am I. Internationalen Schriftstellerkongress zur Verteidigung der Kultur in Paris (21.–25. Juni). *Der Weg durch den Februar* |
| 1937 | Teilnahme am II. Internationalen Schriftstellerkongress in Valencia und Madrid (4.-7. Juli). *Die Rettung; Der Prozeß der Jeanne D'Arc zu Rouen 1431. Ein Hörspiel* |
| 1939 | Bei Kriegsausbruch Internierung ihres Mannes in Le Vernet. Abschluss von *Das siebte Kreuz; Reise ins Elfte Reich* |
| 1940 | Im September Flucht aus dem besetzten Paris in den unbesetzten Süden Frankreichs. *Die schönsten Sagen vom Räuber Woynock* |
| 1941 | 24. März: Flucht mit dem Frachtdampfer »Lemerle« von Marseille über Ellis Island, Kuba und Veracruz nach Mexico City |
| 1942 | Deportation und Tod der Mutter in Piaski/Polen; *Das siebte Kreuz* (auf Englisch in den USA, auf Deutsch bei *El libro libre* in Mexiko) |
| 1943 | Abschluss von *Transit.* 24. Juni: schwerer Verkehrsunfall |
| 1946 | *Der Ausflug der toten Mädchen und andere Erzählungen;* mexikanische Staatsbürgerschaft |
| 1947 | Rückkehr nach Berlin. Georg-Büchner-Preis |
| 1948 | Erste deutschsprachige Ausgabe von *Transit.* April/Mai: Reise in die Sowjetunion |
| 1949 | Teilnahme am Weltfriedenskongress in Paris (20.–25. April). *Die Hochzeit von Haiti* und *Die Toten bleiben jung* |

| | |
|---|---|
| 1950 | Mitglied des Weltfriedensrates |
| 1951 | Reise nach China. Nationalpreis der DDR, Stalin-Friedenspreis; *Crisanta. Mexikanische Novelle* |
| 1952 | Vorsitzende des Schriftstellerverbandes der DDR; Juli: Rückkehr ihres Mannes Laszlo Radvanyi aus Mexiko. Lesereise nach Bayreuth und München. |
| 1954 | Reise in die Sowjetunion anlässlich des II. Sowjetischen Schriftstellerkongresses. Teilnahme an der Tagung des Weltfriedensrates (18. bis 23. 11.) in Stockholm; September: Reise nach Wien; Oktober: Aufenthalt am Bodensee und zum ersten Mal seit der Rückkehr nach Deutschland in Mainz. |
| 1955 | März: Krankenhausaufenthalt; April: Umzug in die Volkswohlstraße 81 (heute: Anna-Seghers-Str.) in Berlin-Adlershof; Teilnahme als Mitinitiatorin des Weltfriedenskongresses in Helsinki (22.–29. 6.); Ende des Jahres schwere Erkrankung |
| 1956 | Januar/Februar Krankenhausaufenthalt. April: mehrwöchiger Aufenthalt im Sanatorium Barwicha (UdSSR). |
| 1957 | Ende April: Reise nach Moskau und Leningrad; Schauprozess gegen Walter Janka u. a. in Anwesenheit von Anna Seghers; November: Reise nach Moskau |
| 1958 | *Brot und Salz. Zwei Erzählungen;* Juli: Teilnahme am Kongress für Abrüstung und internationale Zusammenarbeit (16.–22. 7.) und an der Plenarsitzung des Weltfriedensrates in |

Stockholm (23.7.)

1959     *Die Entscheidung;* 1.9.: Teilnahme am Welt-
friedenstag in Helsinki. Ende Sept./Anfang
Oktober: Paris. Ehrendoktor der Universität
Jena. Nationalpreis der DDR

1960     April: Moskau; Juli/August: Reise nach Helsinki und Lappland. Vaterländischer Verdienstorden in Gold

1961     *Das Licht auf dem Galgen. Eine karibische
Geschichte aus der Zeit der Französischen Revolution.* April: Moskau, Leningrad, Warschau; Referat auf dem V. Deutschen Schriftstellerkongress (25.–27.5.) über *Die Tiefe und
Breite in der Literatur.* Schiffsreise nach Brasilien (Juli – Oktober)

1962     Lesereise nach Frankreich und in die Bundesrepublik Deutschland; Beginn der Werkausgabe im Luchterhand Verlag (Neuwied, Berlin) mit *Das siebte Kreuz;* 25.9. Besuch der
Frankfurter Buchmesse, danach in Mainz

1963     *Über Tolstoi. Über Dostojewski.* Teilnahme
an der Kafka-Konferenz in Liblice bei Prag
(27./28.5.); Juli – September: erneute Brasili-
en-Reise

1965     *Die Kraft der Schwachen. Neun Erzählungen.* Lesereise mit *Die Kraft der Schwachen*
an den Universitäten Westberlin und Hamburg; 4.10.: Lesung aus *Der Ausflug der toten
Mädchen* in der Volkshochschule in Mainz;
Karl-Marx-Orden

1967     Mai: Teilnahme am 4. Allunionskongress des
sowjetischen Schriftstellerverbandes; 24.9.:

Lesung in Zürich aus *Das wirkliche Blau.
Eine Geschichte aus Mexiko*. Mitte Dezember: schwere Erkrankung

1968     wiederholte längere Krankenhaus- und Sanatoriumsaufenthalte; *Das Vertrauen*

1969/70   wiederholte längere Krankenhausaufenthalte; im Oktober 1970: schwerer Rückfall; *Briefe an Leser*

1971     Nationalpreis der DDR. *Überfahrt. Eine Liebesgeschichte*

1973     *Sonderbare Begegnungen*

1975     Kulturpreis des Weltfriedensrates; Ehrenbürgerschaft von Ostberlin

1977     *Steinzeit/Wiederbegegnung. Zwei Erzählungen*. Schwere Krankheit, monatelange Krankenhausaufenthalte; Ehrensenatorenschaft der Johannes-Gutenberg-Universität Mainz

1978     Rücktritt als Vorsitzende auf dem VIII. Kongress des Schriftstellerverbandes der DDR; Wahl zur Ehrenpräsidentin (29.–31. 5.);.3.7.: Tod von Laszlo Radvanyi

1980     *Drei Frauen aus Haiti*

1981     22. 11.: Ehrenbürgerschaft der Stadt Mainz

1982     Sommer: nach wiederholten Krankenhausaufenthalten Umzug in das Pflegeheim »Clara Zetkin« in Berlin-Friedrichshagen

1983     1. Juni: Tod; Staatsakt in der Akademie der Künste; Beerdigung auf dem Dorotheenstädtischen Friedhof

# AUSWAHLBIBLIOGRAFIE

## 1. PRIMÄRLITERATUR

*a) Sammelausgaben*

Anna Seghers. Werkausgabe. Hrsg. v. Helen Fehervary u. Bernhard
   Spies. Berlin: Aufbau Verlag 2000 ff.; bereits erschienen: Das siebte Kreuz (Bd. I/4), Der Aufstand der Fischer von St. Barbara (Bd.
   I/1.1), Transit (Bd. I/5), Die Entscheidung (Bd. I/7), Erzählungen
   1933–1947 (Bd. II/2), Erzählungen 1950–1957 (Bd. II/4), Erzählungen 1958–1966 (Bd. II/5), Erzählungen 1967–1980 (Bd. II/6),
   Briefe 1924–1952 (Bd. V/1), Briefe 1953–1983 (Bd. V/2).

Erzählungen. 6 Bde., mit einem Nachwort von Sonja Hilzinger.
   Berlin: Aufbau Taschenbuch Verlag 1994.

Gesammelte Werke in Einzelausgaben. 14 Bände. Berlin und Weimar: Aufbau 1977–1980 (bisher vollständigste Werkausgabe).
   Enthält: 1. Aufstand der Fischer von St. Barbara/Die Gefährten,
   2. Der Kopflohn/Der Weg durch den Februar, 3. Die Rettung, 4.
   Das siebte Kreuz, 5. Transit, 6. Die Toten bleiben jung, 7. Die Entscheidung, 8. Das Vertrauen, 9. Erzählungen 1926–1944, 10. Erzählungen 1945–1951, 11. Erzählungen 1952–1962, 12. Erzählungen 1963-1977, 13. Aufsätze, Ansprachen, Essays 1927–1953,
   14. Aufsätze, Ansprachen, Essays 1954–1979

Glauben an Irdisches. Essays aus 4 Jahrzehnten. Hrsg. und Nachwort von Christa Wolf. Leipzig: Reclam 1969

Über Kunstwerk und Wirklichkeit. Bd. I-IV: Hrsg. von Sigrid Bock.
   Berlin: Akademie-Verlag 1970–1971 (Bd. I-III), 1979 (Bd. IV)

Werke in zehn Bänden. Darmstadt und Neuwied: Luchterhand-
   Verlag 1977. Mit einem Nachwort von Christa Wolf (enthält nicht
   alle bis 1977 veröffentlichten Romane und Erzählungen und keine
   theoretischen Schriften). Darin: 1. Aufstand der Fischer von St.
   Barbara/Die Gefährten, 2. Die Rettung, 3. Das siebte Kreuz,
   4. Transit, 5./6. Die Toten bleiben jung, 7. Die Entscheidung, 8.
   Das Vertrauen, 9./10. Erzählungen

## b) Erstveröffentlichungen (des erzählerischen Werks)

1. Mai Yanschuhpou (gemeinsam mit SCHÜ YIN). In: Die Rote Fahne, 1. Mai 1932

Auf dem Weg zur amerikanischen Botschaft und andere Erzählungen. Berlin: Kiepenheuer 1930 (enthält außerdem: Grubetsch, Die Ziegler, Bauern von Hruschowo)

Aufstand der Fischer von St. Barbara. Potsdam: Kiepenheuer 1928

Brot und Salz. 3 Erzählungen. enthält außerdem: Die Saboteure, Vierzig Jahre der Margarete Wolf. Berlin: Aufbau 1958

Crisanta. Mexikanische Novelle. Leipzig: Insel 1951

Das Argonautenschiff. In: Sinn und Form, 1 (1949) 6, S. 38–51

Das Licht auf dem Galgen. In: Sinn und Form, 12 (1960) 5/6, S. 663 bis 756. Buchausgabe: Berlin: Aufbau 1961

Das Obdach. In: Freies Deutschland, 1 (1941/42) 1, S. 21–22; The Seventh Cross. Translated from the German by James A. Galston. Boston: Little, Brown and Co. 1942

Das siebte Kreuz. In: Internationale Literatur, 9 (1939) Heft 6: S. 22 bis 34, Heft 7: S. 49–65, Heft 8: S. 8–25; dann hörte der Abdruck auf

Das siebte Kreuz. Mexico: El Libro Libre 1942

Das Vaterunser (Unter dem Pseudonym Peter Conrad). In: Internationale Literatur, 3 (1933) 4, S. 70–72

Das Vertrauen. Berlin und Weimar: Aufbau 1968

Das Viereck. In: Unsere Zeit, 7 (1934) 9, S. 58

Das wirkliche Blau. Eine Geschichte aus Mexiko. Berlin und Weimar: Aufbau 1967

Der Ausflug der toten Mädchen und andere Erzählungen. New York: Aurora, [1946]. Enthält außerdem: Post ins gelobte Land, Das Ende

Der erste Schritt. Berlin: Aufbau 1953. Illustrationen von Max Lingner.

Der Führerschein. In: Die Linkskurve, 4 (1932) 6, S. 35–36

Der gerechte Richter. In: Sinn und Form, 42 (1990) 2, S. 479–501. Als Buch: Berlin und Weimar: Aufbau 1990

Der Kopflohn. Roman aus einem deutschen Dorf im Spätsommer 1932. Amsterdam: Querido 1933

Der Last-Berg. In: Die Rote Fahne, 12. Januar 1933

Der letzte Mann der Höhle. In: Frankfurter Zeitung und Handelsblatt, 22. Dezember 1929. S. 1. Neuabdruck in: Sinn und Form, 36 (1984) 2, S. 225–228

Der letzte Weg des Koloman Wallisch. In: Neue Deutsche Blätter, 1 (1933/34) 10, S. 585–595

Der Mann und sein Name. Berlin: Aufbau 1952

Der Prozeß der Jeanne d'Arc zu Rouen 1431. Ein Hörspiel. In: Internationale Literatur, 7 (1937) 5, S. 74–90. Als Buch: Leipzig: Reclam 1965

Der Weg durch den Februar. Paris: Éditions du Carrefour 1935; und Moskau und Leningrad: Verlagsgemeinschaft ausländischer Arbeiter in der UdSSR 1935

Die drei Bäume. In: Neues Deutschland (Mexiko), 5 (1946) 6, S. 12

Die Entscheidung. Berlin: Aufbau 1959

Die Gefährten. Berlin: Kiepenheuer 1932

Die Hochzeit von Haiti. Zwei Novellen. Berlin: Aufbau 1949. Enthält außerdem: Wiedereinführung der Sklaverei in Guadeloupe

Die Kinder. Drei Erzählungen. Berlin: Aufbau 1951. Enthält: Die verlorenen Söhne, Das Obdach, Die Tochter der Delegierten.

Die Kraft der Schwachen. Neun Erzählungen. Berlin: Aufbau 1965. Enthält: Agathe Schweigert, Der Führer, Der Prophet, Das Schilfrohr, Wiedersehen, Das Duell, Susi, Tuomas beschenkt die Halbinsel Sorsa, Die Heimkehr des verlorenen Volkes

Die Linie. 3 Erzählungen. Berlin: Aufbau 1950. Enthält außerdem: Die Kastanien, Die gerechte Verteilung

Die Rettung. Amsterdam: Querido 1937

Die Rückkehr. In: Der Bienenstock (siehe unter Sammelausgaben). Berlin: Aufbau 1953

Die Saboteure. In: Ausflug der toten Mädchen und andere Erzählungen. Berlin: Aufbau 1948

Die schönsten Sagen vom Räuber Woynok. In: Das Wort, 3 (1938) 6, S. 22–34

Die Stoppuhr. Charkow und Kiew: Staatsverlag für nationale Minderheiten der UdSSR 1933

Die Toten auf der Insel Djal. Eine Sage aus dem Holländischen. Nacherzählt von Antje Seghers. In: Frankfurter Zeitung und Handelsblatt, Weihnachten 1924

Die Toten bleiben jung. Berlin: Aufbau 1949

Die Wellblech-Hütte. Bruchstücke einer Erzählung. In: 24 neue deutsche Erzähler. Hg. von Hermann Kesten. Berlin: Kiepenheuer 1929

Drei Frauen aus Haiti. Berlin und Weimar: Aufbau Verlag 1980. Enthält: Das Versteck, Der Schlüssel, Die Trennung

Ein ganz langweiliges Zimmer. Ein Hörspiel. 1938 im flämischen Rundfunk gesendet. Erstdruck in: Neue deutsche Literatur, 21 (1973) 5, S. 19–25

Ein Mensch wird Nazi. In: Freies Deutschland, 2 (1941/42) 4, S. 13-15

Friedensgeschichten. In: Der Bienenstock (siehe unter Sammelausgaben)

Grubetsch. In: Frankfurter Zeitung und Handelsblatt, 10.–23. März
1927

Jans muß sterben. Berlin: Aufbau 2000

Jude und Judentum im Werke Rembrandts. Phil. Diss. Heidelberg
1924. Buchausgabe: Leipzig: Reclam 1981

Reise ins Elfte Reich. In: Die neue Weltbühne, 35 (1939) 3, S. 80–83

Sagen von Artemis. In: Internationale Literatur, Moskau 8 (1938) 9,
S. 43–57

Six jours, six années. Pages de journal. In: Europe (1938) 188, S. 542
bis 547. Nachdruck in: Neue deutsche Literatur, 32 (1984) 9, S. 5–9

Sonderbare Begegnungen. Berlin und Weimar: Aufbau 1973. Enthält:
Sagen von Unirdischen, Der Treffpunkt, Die Reisebegegnung

Steinzeit. In: Sinn und Form, 27 (1975) 4, S. 673–709

Steinzeit. Wiederbegegnung. Berlin und Weimar: Aufbau 1977

Transit. Translated from the German by James A. Galston. Boston
(Little, Brown and Co.) 1944. Erste deutsche Veröffentlichung:
Konstanz: Weller 1948

Überfahrt. Eine Liebesgeschichte. Berlin und Weimar: Aufbau 1971

Und ich brauch do so schrecklich Freude. Tagebuch 1924/1925. Die
Legende von der Reue des Bischofs Jehan d'Airgremont von St.
Anne in Rouen. Hrsg. v. Christiane Zehl Romero. Berlin: Aufbau
2003

Wiedersehen. In: Die neue Weltbühne, 34 (1938) 2, S. 51–54


*c) Briefe*

Anna Seghers: Tage wie Staubsand. Briefe 1953–1983. Hrsg. v. Christiane Zehl Romero u. Almut Giesecke. Berlin: Aufbau 2010

Anna Seghers: Ich erwarte Eure Briefe wie den Besuch der besten
Freunde. Briefe 1924–1952. Hrsg. v. Christiane Zehl Romero u.
Almut Giesecke. Berlin: Aufbau 2008

Anna Seghers: Hier im Volk der kalten Herzen. Briefwechsel 1947.
Hrsg. v. Christel Berger. Berlin: Aufbau Taschenbuch Verlag 2000

Anna Seghers – Wieland Herzfelde. Ein Briefwechsel 1939–1946.
Berlin und Weimar: Aufbau 1985

Brief an Johannes R. Becher vom 6. August 1946. In: Neue deutsche
Literatur, 33 (1985) 5, S. 7 f.

Briefe an F. C. Weiskopf. In: Neue deutsche Literatur, 33 (1985) 11, S. 5–46

Briefe an Leser. Berlin und Weimar: Aufbau 1970

Christa Wolf – Anna Seghers. Das dicht besetzte Leben. Briefe, Gespräche und Essays. Hrsg. v. Angela Drescher. Berlin: Aufbau Taschenbuch Verlag

Zahlreiche Briefe auch in: Über Kunstwerk und Wirklichkeit (siehe unter Sammelausgaben), besonders in Bd. IV

## 2. SEKUNDÄRLITERATUR ZU ANNA SEGHERS' LEBEN UND WERK

### a) Gesamtdarstellungen und Sammelbände

ARGONAUTENSCHIFF. Jahrbuch der Anna Seghers Gesellschaft Berlin und Mainz, Band 1: Berlin: Aufbau-Verlag 1992; zuletzt: 21/2012.

Batt, Kurt (Hg.): Über Anna Seghers. Ein Almanach zum 75. Geburtstag. Berlin und Weimar: Aufbau-Verlag 1975

Ders.: Anna Seghers. Versuch über Entwicklung und Werk. Leipzig: Reclam 1973

Bock, Sigrid: Der Weg führt nach St. Barbara. Die Verwandlung der Netty Reiling in Anna Seghers. Berlin: Karl Dietz Verlag 2008

Brandes, Ute: Anna Seghers. Berlin: Colloquium 1992 (= Köpfe des 20. Jahrhunderts, 117)

Eifler, Günter/Anton Maria Keim (Red.): Anna Seghers – Mainzer Weltliteratur. Beiträge aus Anlaß des 80. Geburtstags. Mainz: Krach 1981

Emmerich, Ursula Radvanji, Ruth Wagner, Frank: Anna Seghers: Eine Biographie in Bildern. Mit einem Essay von Christa Wolf. Berlin und Weimar: Aufbau-Verlag 1994

Haas, Erika: Ideologie und Mythos. Studien zur Erzählstruktur und Sprache im Werk von Anna Seghers. Stuttgart: Akademischer Verlag Heinz 1975

Hilzinger, Sonja: Anna Seghers. Stuttgart: Reclam 2000 (Reihe Literaturstudium)

Melchert, Monika: Mit Kafka im Café. Die schönsten Szenen bei Anna Seghers. Ein Leseverführer. Berlin: trafo Verlag 2006

Neugebauer, Heinz: Anna Seghers. Leben und Werk. Berlin: Volk und Wissen 1980 (= Schriftsteller der Gegenwart, Bd. 4)

Radvanyi, Pierre: Jenseits des Stroms. Erinnerungen an meine Mutter Anna Seghers. Berlin: Aufbau Verlag 2005

Roos, Peter, und Friderike J. Hassauer-Roos (Hg.): Anna Seghers. Materialienbuch. Darmstadt und Neuwied: Luchterhand 1977 (mit Beiträgen von Peter Härtling, Valentin Merkelbach, Frank Benseler, Dieter Heilbronn, Erika Haas, Werner Roggausch, Friderike J. Hassauer-Roos, Peter Roos, Klaus Sauer, Stephan Bock, Gerd Labroisse)

Sauer, Klaus: Anna Seghers. München: C. H. Beck 1978 (= Autorenbücher, Bd. 9)

Schrade, Andreas: Anna Seghers. Stuttgart u. a.: Metzler 1993 (= Sammlung Metzler, 275)

text + kritik, Heft 38: Anna Seghers. München 1973 (mit Beiträgen von Joachim Seyppel, Marcel Reich-Ranicki, Berold van der Auwera, Helgard Bruhns, Andreas W. Mytzke, Jörg Bernhard Bilke)

text + kritik, Heft 38 (Neufassung): Anna Seghers. München 1982 (mit Beiträgen von Lutz Winckler, Jan Hans, Ulrich Fries, Manfred Behn-Liebherz, Wilhelm Krull, Egon Schwarz, Friderike Hassauer/Peter Roos)

Wagner, Frank: Anna Seghers. Leipzig: Reclam 1980

Zehl Romero, Christiane: Anna Seghers. Eine Biographie 1947–1983. Berlin: Aufbau Verlag 2003

Zehl Romero, Christiane: Anna Seghers. Eine Biographie 1900–1947. Berlin: Aufbau Verlag 2000

Zehl Romero, Christiane: Anna Seghers: mit Selbstzeugnissen und Bilddokumenten. Rowohlt: Reinbek/Hamburg: 1993 (= rororo, 464)

*b) Einzeluntersuchungen*

Es wird hier auf die Auflistung einer insbesondere nach der Gründung der Anna Seghers Gesellschaft Berlin und Mainz e. V. (1991) und der Herausgabe ihres Jahrbuchs *Argonautenschiff* (1992 ff.) sprunghaft angewachsene Zahl von Untersuchungen zu einzelnen Abschnitten des Lebens oder Einzelwerken von Anna Seghers verzichtet und stattdessen auf die umfassenden Bibliografien bei Sonja Hilzinger (2000) und Christiane Zehl Romero (2000/2003) verwiesen. Aktuelle wissenschaftliche Untersuchungen und bibliografische Hinweise finden sich immer wieder in den Jahrbüchern des *Argonautenschiffs*.

# BILDNACHWEIS